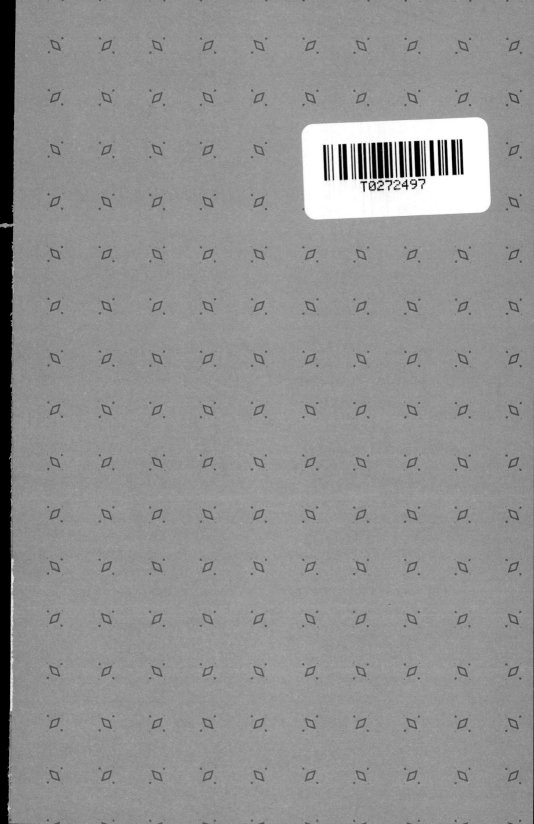

TALENTO,

MANUAL DE GESTIÓN DE EQUIPOS Y TALENTO

EMPRESAS

PARA FIRMAS Y DESPACHOS PROFESIONALES

Y CULTURA

Comité Editorial: Santiago de Torres (presidente), Germán Castejón, Guillermo Cisneros, M.ª Teresa Corzo, Marcelino Elosua, Almudena García Calle, José Ignacio Goirigolzarri, Santiago Íñiguez de Onzoño, Luis Huete, Pilar López, Pedro Navarro, Manuel Pimentel y Carlos Rodríguez Braun.

Colección Acción Empresarial de LID Editorial
Editorial Almuzara S.L.
Parque Logístico de Córdoba, Ctra. Palma del Río, Km 4, Oficina 3
14005 Córdoba.
www.LIDeditorial.com
www.almuzaralibros.com

A member of:

businesspublishersroundtable.com

No está permitida la reproducción total o parcial de este libro, ni su tratamiento informático, ni la transmisión de ninguna forma o cualquier medio, ya sea electrónico, mecánico, por fotocopia, por registro u otros métodos, sin el permiso previo y por escrito de los titulares del *copyright*. Reservados todos los derechos, incluido el derecho de venta, alquiler, préstamo o cualquier otra forma de cesión del uso del ejemplar.

Editorial y patrocinadores respetan los textos íntegros de los autores, sin que ello suponga compartir lo expresado en ellos.

© Mario Alonso y Javier Cantera, 2024
© Editorial Almuzara S.L. 2024 para LID Editorial, de esta edición.

EAN-ISBN13: 978-84-17880-98-9
Directora editorial: Laura Madrigal
Editora de mesa: Paloma Albarracín
Corrección: Cristina Matallana
Maquetación: www.produccioneditorial.com
Diseño de portada: Juan Ramón Batista
Impresión: Cofás, S.A.
Depósito legal: CO-71-2024

Impreso en España / Printed in Spain

Primera edición: febrero de 2024

Te escuchamos. Escríbenos con tus sugerencias, dudas, errores que veas o lo que tú quieras. Te contestaremos, seguro: *info@lidbusinessmedia.com*

MARIO ALONSO
JAVIER CANTERA

TALENTO,

MANUAL DE GESTIÓN DE EQUIPOS Y TALENTO

EMPRESAS

PARA FIRMAS Y DESPACHOS PROFESIONALES

Y CULTURA

MADRID | CIUDAD DE MÉXICO | BUENOS AIRES | BOGOTÁ
LONDRES | SHANGHÁI

ÍNDICE

INTRODUCCIÓN

Este manual es el resultado de cómo dos profesionales de distintos campos se abrieron a nuevas realidades en su labor de gestión. El economista que, perdido entre números, cuentas y previsiones financieras, aprendió a apreciar el valor de las personas. Y el psicólogo que, enfocado en el trabajo con las personas, se fascinó con el resultado colectivo que supone la gestión empresarial. Estos procesos evolutivos paralelos convergieron en una empresa llamada Auren, donde surgió una cultura extraordinariamente humana y competitiva, con elementos diferenciales sobre el resto de las firmas profesionales.

En esta nueva época, necesitamos que las firmas aúnen los conceptos talento y cultura en su gestión, por ello es importante entender que para alcanzar una alta competitividad empresarial debemos apostar por las personas, así como por poner el foco sobre el crecimiento de la empresa para alcanzar el bienestar de las personas que trabajan en ella; lo que constituye el mismo objetivo (visto desde dos perspectivas): conseguir que una empresa sea socialmente responsable.

Si en cualquier organización la gestión de personas es clave en el ámbito de los servicios, en especial en el sector de las firmas profesionales representa su mayor reto. Por esa razón, la gestión de personas ha adquirido un protagonismo indiscutible en todas las organizaciones; el rol transaccional, que en el pasado se otorgaba a la gestión de recursos humanos, ha evolucionado hacia un papel estratégico y de agente de cambio y transformación.

Los autores de este manual nos hemos propuesto abordar la gestión de equipos profesionales desde todos los puntos de vista.

A lo largo de las páginas se analizan las competencias requeridas por el mercado, el proceso de adquisición de talento, su gestión y evaluación, las políticas de compensación, los planes de carrera, el clima laboral, la diversidad, el desarrollo del talento o el bienestar de los empleados. Asimismo, hemos tenido en cuenta los aspectos relacionados con la gestión de los socios como máximos responsables de una firma profesional.

Tode ello sin olvidar la necesaria transformación cultural en las que están inmersas las firmas profesionales y cómo deben evolucionar hacia una cultura centrada en el humanismo, la ética y la transparencia.

1

EL VALOR AÑADIDO DE LAS PERSONAS

Una firma profesional constituye un conjunto de personas, con cualificación y conocimientos técnicos y experiencia, para prestar servicios que generen valor añadido a otras organizaciones.

En consecuencia, indiscutiblemente, el mayor activo de toda firma profesional se refiere a las personas que en ella trabajan. La sostenibilidad de la firma dependerá por tanto del nivel de cualificación, formación, experiencia y motivación de sus equipos.

La importancia que sus profesionales tienen para las firmas se puede concretar en los aspectos recogidos en los siguientes apartados.

1. Servicios con alma

Aunque detrás de la prestación de cualquier servicio hay una marca de empresa, su realización siempre recae en determinadas personas. Es decir, los servicios los prestan personas que se relacionan con otras.

El éxito, medido en el nivel de satisfacción del cliente, que a su vez está directamente relacionado con el valor añadido que sea capaz de percibir, dependerá directamente de la labor de esos profesionales. Hemos utilizado el término *percibir* porque aún más importante que el resultado obtenido es su percepción por parte del cliente. Es lo que se conoce en el campo de la sanidad como trato y tratamiento. El paciente va al médico a curarse, pero el trato recibido en cuanto a empatía, proximidad, flexibilidad y humanidad será igualmente valorado. De ahí que se suela decir que los profesionales deben prestar servicios con alma: los clientes deben sentir calor humano. Gran parte del éxito en la fidelización de los clientes está directamente relacionado con la motivación de sus equipos para generar ese sentimiento empático. Más adelante abordaremos aspectos críticos relacionados con la motivación, que tendrán influencia decisiva en el valor añadido que sean capaces de generar los profesionales.

También será fundamental que los profesionales desarrollen habilidades que les permitan ofrecer el «trato» requerido por sus clientes: liderazgo, inteligencia emocional, comunicación asertiva, flexibilidad, etc.

2. Embajadores de la marca

Los profesionales conforman la cultura y los valores de la firma y, por tanto, son los principales embajadores de la marca. La cultura de una firma, entendida como la forma de ser y de actuar de sus profesionales, se construye a partir de los valores asumidos internamente que pueden reconocerse externamente. Los valores, entendidos como las creencias y los conceptos básicos que comparte una organización, incluyen aspectos relacionados con lo profesional, lo personal y lo social.

Las marcas, que representan intangibles de inmenso valor, se encuentran constituidas por un conjunto de características que se traducen en una promesa de determinados atributos en el servicio que se presta. Así, representan una idealización en la mente de los clientes, la percepción que tiene el mercado de la firma y el elemento diferencial de la competencia.

Por consiguiente, la marca, como vertebradora de la cultura y de los valores de la firma, cohesiona y crea un sentimiento de pertenencia de los equipos que trabajan en ella.

Gráfico 1.1 Cualidades de la marca

Para que los profesionales sientan los colores de su marca, se ha debido hacer antes un trabajo previo de definición de la estrategia y de posicionamiento de la firma.

En resumen, la marca, representada por todos y cada uno de los profesionales de la firma, es la depositaria de este conjunto de características que la hacen diferente y única: cultura, valores, propósito, misión y visión.

3. Peso económico

Las empresas de servicios profesionales son mucho más intensivas en capital humano que en financiero.

En términos económicos, el coste de los profesionales, sin incluir a los socios, debería representar aproximadamente el 50 % de los ingresos de la firma, siendo por tanto con mucho el coste laboral el que mayor peso económico tiene en la estructura de costes de una firma. Siempre que consideremos una firma tipo de cierto tamaño y una estructura en pirámide, su coste laboral no debería representar mucho más, ni tampoco mucho menos, de un 50 %. Si es superior, indica que tenemos un exceso de estructura de profesionales, que estos están excesivamente bien retribuidos o que a los clientes se les facturan unos honorarios insuficientes. Cualquiera de las tres posibilidades representan problemas a corto plazo para la viabilidad y sostenibilidad de la empresa. Sin embargo, si ese coste es muy inferior a un 50 %, señala otras tres posibles causas: que existe una insuficiente estructura de profesionales, lo que representará más pronto que tarde una bajada de calidad en el servicio; que la retribución del equipo humano es baja, lo que podría ocasionar salidas de los mejores profesionales, o que se está facturando a los clientes por encima del mercado, lo que resulta insostenible en el tiempo.

Este difícil equilibrio de dotar a la empresa profesional de recursos suficientes para ofrecer servicios de calidad pero sin poner en riesgo la rentabilidad del negocio (lo que se conoce popularmente como «poner antes el carro que los bueyes») es la base para gestionar una firma profesional.

Este complicado arte implica lograr un equilibrio entre tres elementos fundamentales: la satisfacción de los clientes (medida como el valor añadido que reciben frente a los honorarios que pagan), los intereses de los socios y del resto del equipo profesional y la rentabilidad necesaria para la sostenibilidad de la firma.

Gráfico 1.2 El triángulo estratégico de una firma

Hemos dejado para el final otro elemento fundamental desde el punto de vista económico dentro de la firma: la retribución a los socios.

La gran diferencia en este caso es que resulta variable, tanto, que puede llegar a ser cero o incluso negativa. Lo que los socios pueden repartirse como retribución se denomina beneficio antes de socios

(BAS). En una estructura de firma tipo de cierto tamaño, el BAS suele representar en torno al 20-30 % de los ingresos, siempre que haya un número de socios proporcionado a la dimensión de la firma.

Abordaremos en futuros capítulos la retribución a los socios, una de las cuestiones básicas para la dirección y gestión de una firma profesional.

Tabla 1.1 Estructura económica de una firma profesional

Concepto	Porcentaje
Ingresos	100 %
Costes del equipo	40-60 %
Costes de estructura	20-25 %
BAS	20-30 %

4. Portadores del conocimiento

Otro de los aspectos relevantes en cuanto al valor añadido de las personas en una empresa de servicios profesionales es el relacionado con el conocimiento.

Durante muchos siglos el factor fundamental de éxito en un negocio fue el trabajo, es decir, la fuerza laboral. A finales del siglo XVIII se sumó otro elemento básico para el desarrollo de las compañías: el capital. Nació así lo que hoy conocemos como *capitalismo,* donde los factores productivos son capital y trabajo, modelo que se extiende con rapidez gracias a la aparición de las sociedades mercantiles. La importancia de estas sociedades en el desarrollo económico fue transcendental por dos razones: la limitación de la responsabilidad de los socios capitalistas, que como máximo podrían perder sus inversiones, pero no ponían en peligro su patrimonio, y la separación entre la gestión y la propiedad de las empresas. Hasta entonces el mercader, el artesano o el agricultor eran a su vez propietarios y gestores. El gran descubrimiento de la economía fue la separación de ambas figuras, lo que permitió hacer crecer a las organizaciones a velocidades inimaginables hasta entonces.

Esta situación se mantuvo hasta la mitad del siglo XX, cuando apareció otro factor de producción decisivo: el conocimiento. Es lo que se conoce como *talentismo*.

Con la sofisticación del mundo de los negocios, de las industrias y de los métodos de producción y el desarrollo de todas las ciencias (sociales, naturales, tecnológicas, etc.), el conocimiento se transformó en un valor crítico.

Hoy una firma es la suma de los conocimientos de todos sus profesionales. De ahí la importancia que tiene la gestión de ese conocimiento. La capacidad de adquirir información, transformarla en conocimiento, incorporarlo como aprendizaje, compartirlo y aplicarlo donde, como y cuando sea necesario constituye una de las piedras angulares para que una firma profesional pueda competir.

Una vez más, los protagonistas de este reto son las personas que trabajan en la empresa profesional.

5. La actividad comercial

Un último aspecto fundamental del valor añadido aportado por las personas en una empresa de servicios profesionales es el relacionado con la actividad comercial. De su buen hacer dependerá la captación de clientes, lo que representa la gasolina para que la firma pueda continuar operando.

Obviamente la marca, el posicionamiento, el marketing, la estrategia de desarrollo de negocio, etc., son pilares indispensables para ganar mercado, pero finalmente lo que estos elementos lograrán es poner frente a frente a una persona de la firma frente a otra persona que represente al cliente potencial. Es en ese momento cuando llega la hora de la verdad, en la que puede cerrarse un encargo o irse al traste todo el trabajo y toda la inversión previa realizada.

Suele decirse que los vendedores de servicios suelen responder a alguna de las siguientes tipologías:

- El «recogepedidos»: su actitud es pasiva. Simplemente espera a que los clientes le soliciten propuestas de trabajo.

- El «técnico»: su conversación y sus argumentos giran en torno a los servicios y productos que ofrece la firma y lo que pueden aportar a los clientes.

- El «vendedor de humo»: promete más de lo que realmente aportan sus servicios.

- El «solucionaproblemas»: ayuda a los clientes a identificar sus problemas para tratar de ofrecerles la mejor solución.

- El «vendedor consultivo»: no solo trata de identificar las necesidades del cliente, sino que las prioriza por encima del servicio que ofrece. Es decir, el responsable de la firma trabaja como un consultor o asesor individual para el cliente.

La venta consultiva se ha erigido como la que mayor confianza genera de cara a los clientes, lo que se traduce en su mayor satisfacción y fidelización.

En todo caso, la venta de servicios profesionales está directamente relacionada con la comunicación con los clientes. Sorprendentemente, el mundo del marketing conoce que, en general, la decisión de un cliente para comprar un producto o contratar un servicio está basada tan solo en un 20 % en conceptos lógicos, mientras que el 80 % corresponde al mundo de las emociones. En este sentido, numerosos estudios avalan que en la comunicación las palabras tienen un peso inferior al 10 %, la voz cerca de un 40 % y el lenguaje gestual o corporal un 50 %.

En resumen, las personas que trabajan en la organización, a través de su inteligencia emocional y empatía, serán la llave para atraer y fidelizar a los clientes de la firma.

2

CULTURA, PROPÓSITO Y ESTRATEGIA COMO PALANCA DE GESTIÓN DE PERSONAS

1. La necesaria visión de la firma como una empresa

Una firma profesional es una organización que tiene por objeto el ejercicio de una o varias actividades profesionales con la finalidad de proporcionar determinados servicios especializados a sus clientes.

En muchas ocasiones las organizaciones profesionales son también denominadas con diferentes términos en función de su especialidad.

En relación con los servicios legales, se suele utilizar *despacho* con independencia de su tamaño o forma jurídica, aunque para los de mayor dimensión también se usa la expresión *firma de abogados*.

Si se trata de una entidad que presta servicios multidisciplinares, y por extensión a las auditoras, suele emplearse el término *firma*;

empresa o *compañía* son para las más grandes y *despacho* o *sociedad* para las pequeñas.

Por último, las actividades de consultoría suelen realizarse desde firmas o empresas, mientras que las de ingeniería o arquitectura toman normalmente la denominación de *estudios*.

Otros apellidos como *gabinete* o *bufete*, fundamentalmente referidos a abogados, u *oficina* para auditoras o consultoras, suelen utilizarse con menor asiduidad.

Los aspectos fundamentales que determinan a estas entidades son los siguientes:

- **Cualificación humana y técnica de los equipos de trabajo.** La calidad de las firmas profesionales depende de que sus equipos posean las cualificación técnica y experiencia necesarias, competencia en habilidades de gestión, así como valores que garanticen la ética en el servicio.

- **Uso de la tecnología.** En las últimas décadas, especialmente en los últimos años, el uso de la tecnología se ha transformado en un factor crítico para las empresas profesionales. Aplicaciones de gestión del servicio, de *business inteligence*, ERP (por sus siglas en inglés, planificación de recursos empresariales), CRM (*customer relationship management*), de gestión documental, IA, *blockchain*, RPA (automatización robótica de procesos), *big data*, etc., son elementos indispensables para prestar servicios eficientes y de calidad.

- **Trabajo en equipo.** La complejidad del mundo de los negocios, y de la sociedad en general, hace casi imposible que puedan prestarse servicios profesionales sin equipos especializados en cada materia. Ha pasado el tiempo del profesional individual, ya no se buscan médicos de cabecera, sino auténticos hospitales con especialistas que trabajen coordinados.

- **Especialización y multidisciplinariedad.** Los despachos y firmas han de elegir su posicionamiento en el mercado como firma monoproducto (especialista en una materia concreta) o de servicios plenos (abarcando un gran número de disciplinas).

- **Cobertura territorial.** En un mundo globalizado cada vez es más necesario disponer de recursos que permitan cubrir las necesidades de los clientes en cualquier lugar. Evidentemente, ello se hace más necesario en función del tamaño y actividad de la clientela de cada firma.

- **Tamaño.** Vivimos la era de las marcas, intangibles de inmenso valor que ayudan a generar confianza. En general, para potenciar una marca es condición necesaria una cierta masa crítica que permita destinar recursos a la imagen de la firma. Además, como ya hemos dicho, en un mundo complejo y global es fundamental contar con equipos especializados y disponibles en cualquier lugar, lo cual está íntimamente relacionado con el tamaño de los despachos.

- **Necesidad de capacidades organizativas, comerciales y de gestión.** Los socios o titulares de los despachos deben contar con conocimientos técnicos, pero, además, necesitan habilidades directivas y de gestión. Liderazgo, empatía, capacidad de planificación y organización, aptitudes comerciales, etc., son elementos fundamentales en los máximos responsables de los despachos y firmas profesionales.

- **Ética y deontología.** La ética de una profesión es una aplicación especial del concepto general de conducta ética que estudia la filosofía, y trata de resolvernos qué debe hacerse y por qué debe hacerse, basándose en principios universales, válidos siempre, en todo lugar y tiempo. La deontología regula los deberes exigibles a los profesionales en el desempeño de su actividad, por tanto, constituye un conjunto de normas consideradas vinculantes para un colectivo profesional.
  En definitiva, ética y deontología deben presidir todas las actuaciones de las firmas profesionales, con especial énfasis en las cuestiones relacionadas con la independencia, la responsabilidad y el secreto profesional.

En cualquier caso, es importante resaltar que las firmas de servicios profesionales presentan una gran complejidad debido a sus propias características:

- Deben tratar de diferenciarse en un mercado de servicios intangibles y, por lo tanto, con dificultades en cuanto a su identificación.

- Han de hacer compatibles los intereses de los socios con los del resto de profesionales de la firma y con las necesidades de los clientes.

- Deben plantear un modelo de relevo en los socios, ya que es imprescindible que los mejores dirijan la firma.

- Las firmas están muy condicionadas por los cambios en los entornos, tanto económicos como normativos, por lo que se hace exigible una capacidad de anticipación permanente.

Estas singularidades implican necesariamente que toda firma profesional, con independencia de su tamaño, constituya una empresa. Sin embargo, no son demasiados los socios o titulares de firma que se consideren empresarios y actúen como tal.

Una empresa es un conjunto ordenado de factores productivos que tienen como fin la producción de bienes o la prestación de servicios. Es decir, deberá decidir su posicionamiento en el mercado; contar con una cultura y valores que la identifique; realizar actividades de marketing para captar clientes; velará por la calidad del servicio; hará eficiente sus procesos, recursos materiales y financieros; determinará su organización interna; sus políticas de innovación, de crecimiento, de alianzas, etc.

2. Cultura de la firma profesional

La Unesco define la cultura como «el conjunto de los rasgos distintivos, espirituales, materiales y afectivos que caracterizan una sociedad o grupo social, y que abarca además de las de artes y las letras, los modelos de vida, las maneras de vivir juntos, los sistemas de valores, las tradiciones y las creencias».

La cultura corporativa o empresarial se constituye con los valores asumidos por toda la organización internamente y que pueden ser reconocidos externamente.

Identifica la forma de ser y de actuar de una empresa y sus profesionales. En consecuencia, los valores de la organización constituirán el núcleo esencial de toda cultura de firma a la que se añadirán el conjunto de costumbres, de forma de hacer las cosas, de creencias y de experiencias que ha acumulado la entidad durante su existencia.

Por tanto, la cultura de una firma profesional se traduce fundamentalmente en la forma en que trata y se relaciona con los clientes y con las personas que en ella trabajan. Sintetiza valores, creencias y formas de actuar. Son reglas no escritas que representan su identidad, su ADN. No se trata de poner carteles repartidos por la oficina, ni salas de relajación o mesas de *ping-pong,* ni que a los líderes se les llene la boca de buenas intenciones. Se relaciona mucho más con lo que se hace que con lo que se dice.

Dicho en términos coloquiales, es aquello que «se respira» en la organización. Se vive por dentro y se proyecta hacia fuera.

Todas las culturas son diferentes, tienen sus particularidades y por tanto no son replicables, constituyendo un elemento diferencial de los competidores.

En la cultura de las firmas profesionales se incluyen aspectos que se presentan en el día a día del trabajo: los estilos de liderazgo, la mayor o menor flexibilidad en la aplicación de las normas, la predisposición para asumir riesgos o la aversión a estos, las formas de comunicación, el reconocimiento a la iniciativa y a la innovación, etc. Incluso en pequeños detalles como el argot para denominar cuestiones internas, el tipo de bromas o la organización de los espacios.

Su importancia es tal, que para muchos es aún más relevante que las propias estrategias que se diseñen para alcanzar las metas y objetivos perseguidos. «La cultura se come a la estrategia para desayunar», dice Peter Drucker. La retención de los profesionales, la atracción y selección de estos, el mayor o menor compromiso con la firma, el sentimiento de pertenencia a un equipo, etc., son aspectos íntimamente relacionados con este activo que existe de una forma más o menos arraigada en toda firma profesional.

Por otra parte, hay organizaciones en las que la cultura es compartida por sus miembros gracias al convencimiento, es decir, se adoptan los valores, creencias y costumbres por propia voluntad y con la certeza de que son los ideales para lograr los objetivos. Sin embargo, en otras, la confianza en los valores de la organización es escasa, por lo que estos deben imponerse y controlarse en todo momento su observancia.

Obviamente, estas últimas son firmas con una cultura débil y, por tanto, vulnerables a cualquier situación que ponga en jaque a la firma.

El comportamiento de cada individuo viene determinado por su cultura. Etimológicamente, la palabra cultura procede de la forma latina *cultura* (*-ae*), 'cultivar', y por tanto es algo que se va moldeando a lo largo de la existencia de cualquier persona.

Cultura definida por el entorno de las 3G

Un aspecto fundamental que condiciona la cultura de una organización es el entorno donde esta se desenvuelve.

Con relación al mundo de los negocios, el entorno viene marcado por tres G: geográfico, género y generación.

Entorno geográfico

El entorno o cultura geográfica determina numerosas formas de entender y desenvolverse en la vida, y, por tanto, en el ámbito laboral.

La división geográfica en el mundo empresarial se corresponde con cuatro zonas: oriental, occidental, latinoamericana y árabe.

La oriental (China, India, Japón) y la latinoamericana son culturas en las que el contexto tiene más importancia que las palabras o los documentos. Los negocios son lentos y se exige establecer relaciones personales de confianza, en las que la posición social tiene gran relevancia.

En el otro extremo se sitúa la cultura occidental (Europa y Estados Unidos), en la que el contexto tiene mucha menor importancia, lo relevante son los mensajes explícitos y los documentos. Los negocios son rápidos.

En la mitad podemos situar a la cultura árabe, que toma características de las dos anteriores.

Respecto a la percepción del tiempo, dependiendo del origen geográfico, podemos encontrar culturas de dos tipos:

- Monocrónicas (occidental)
  - No hacen más de una cosa a la vez.
  - Se centran en el trabajo (el tiempo es dinero).

- Se comprometen con un tiempo (plazos, horarios).
- Se adhieren estrictamente a los planes.
- Evitan las interrupciones.

- Policrónica (latinoamericana, árabe y oriental)
    - Hacen varias cosas a la vez.
    - Se centran en las personas y las relaciones sociales.
    - Consideran los compromisos de tiempo un objetivo que se logrará si es posible.
    - Las interrupciones se ven como normales.
    - Cambian los planes a menudo y fácilmente. La improvisación está aceptada.

Además, el entorno geográfico determinará si el lenguaje utilizado es directo (explicito) o indirecto (implícito).

- Explícito (occidental)
    - «Di lo que quieres decir, y sé sincero con lo que dices» (interpretación literal de lo que otros dicen).
    - No necesitas leer entre líneas.
    - La honestidad es la mejor política.
    - La verdad es más importante que tener cuidado con los sentimientos de los demás.
    - La tarea está separada de la persona.
    - La crítica es directa.
    - Cuando dices «no», significa «no», cuando dices «sí» significa «sí».

- Implícito (oriental, árabe, latinoamericana)
    - Al comunicar asuntos desagradables, rechazar una propuesta o criticar a otra persona: se utiliza el estilo de comunicación indirecta, para preservar la armonía y no ofender al interlocutor.
    - Tienes que leer entre líneas.
    - La verdad, si duele, debe ser templada.
    - La tarea y la persona no pueden separarse.
    - Cuando te refieres a «no», puedes decir «quizás» o usar frases como «esto podría ser difícil».

Aunque el lenguaje explícito es propio de la cultura occidental, dentro de los países aquí encuadrados, se pueden apreciar diferencias significativas que se muestran en el siguiente cuadro:

Gráfico 2.1 Lenguaje explícito en la cultura occidental

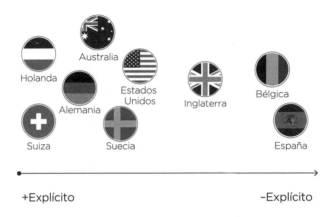

El ámbito geográfico también tendrá influencia en el mayor o menor uso del lenguaje no verbal, distinguiendo dos tipologías de personas:

- Neutral. En la vida pública y en la vida profesional no está bien visto mostrar emociones. Se muestran en la vida privada. Es propio de las culturas oriental y occidental, aunque dentro de esta, los mediterráneos son más afectivos y los nórdicos más neutrales,

- Afectivo o emocional. Las personas muestran emociones tanto en la vida pública, como en la vida profesional. Corresponde a la cultura latinoamericana y árabe.

Otro aspecto fundamental, en el que el origen geográfico determina el comportamiento es en materia de puntualidad.

En el siguiente gráfico se muestra una aproximación a la realidad actual, figurando a la izquierda las culturas que llegan a las citas antes de la hora fijada y a la derecha las que habitualmente llegan con retraso.

Gráfico 2.2 Influencia de la cultura en la puntualidad

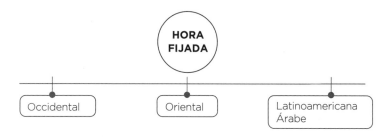

Dentro de la occidental, las culturas de Centroeuropa, nórdicas y de Estados Unidos son mucho más puntuales que la mediterránea o la de los países del Este.

El origen geográfico también influye el número de horas que se dedican al trabajo, tal y como se muestra a continuación:

Gráfico 2.3 Número de horas laborables anuales

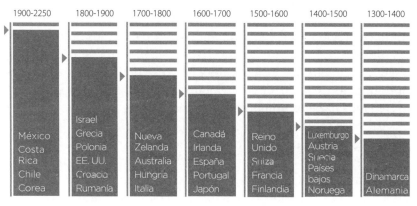

Fuente: OCDE, con datos de 2022.

Incluso dentro de una misma zona geográfica, pueden existir diferencias relevantes en algún aspecto, como la conocida diferencia del uso del tiempo, incluso entre vecinos europeos, tal y como se muestra en el cuadro:

Gráfico 2.4 Uso del tiempo por países

Hora	España	Italia	Francia	Alemania	Suecia	Hora
6.00	Dormir	Dormir	Dormir	Dormir	Dormir	6.00
7.00					Desayuno	7.00
8.00	Desayuno*	Desayuno	Desayuno	Desayuno		8.00
9.00						9.00
10.00		Trabajo	Trabajo	Trabajo	Trabajo	10.00
11.00						11.00
12.00	Trabajo					12.00
13.00		Comida	Comida	Comida	Comida	13.00
14.00				Trabajo	Trabajo	14.00
15.00	Comida		Trabajo			15.00
16.00		Trabajo				16.00
17.00					Cena	17.00
18.00	Trabajo			Cena		18.00
19.00			Cena			19.00
20.00		Cena		TV e internet		20.00
21.00	Cena	TV e internet	TV e internet		TV e internet	21.00
22.00						22.00
23.00	TV e internet					23.00
00.00	Dormir	Dormir	Dormir	Dormir	Dormir	00.00

*Variable: de 7.30-8.30 a 10.00-10.30

Fuente: Eurostat.

Cultura de género

En el pasado, la cultura de género se conformaba con aquellos elementos que determinaban comportamientos en función del sexo, es decir, valoraciones y creencias sobre «lo propio» de los hombres y de las mujeres. De acuerdo con la Organización Mundial de la Salud, el género se refiere a los conceptos sociales de las funciones, comportamientos, actividades y atributos que cada sociedad considera apropiados para los hombres y las mujeres. Por tanto, mientras que el sexo hace referencia a la condición de nacer hombre o mujer, el género constituye una construcción cultural.

Las evidencias científicas actuales confirman que las diferencias biológicas entre hombres y mujeres no provocan distintos comportamientos en su conducta, sino que es el entorno cultural el que los determina.

Los estereotipos extendidos identifican a las mujeres con mayor capacidad para mostrar comportamientos comunicativos y receptivos, mayor empatía y más conciencia del entorno. Los hombres son más racionales, menos sensibles y tienen más dificultades para construir relaciones cercanas.

Afortunadamente, en las últimas décadas, sobre todo, en occidente, se han logrado relevantes avances en materia de igualdad de género. Por tanto, y a pesar de que aún existan condicionantes relacionados con la masculinidad y feminidad, la cultura de género ha perdido importancia en relación con el resto de los aspectos que determinan el comportamiento.

Cultura de generación

No cabe duda de que cada generación tiene sus propias característi-cas, intereses y formas de entender la vida.

Además, en los últimos años, el salto generacional se acelera cada vez más y la generación apenas representa una o dos décadas.

Como veremos después, el encuadre generacional tiene un papel importante a la hora de influir en las creencias, valores y compor-tamientos de cada persona.

Tabla 2.1 Las diferentes generaciones del siglo XX y XXI y sus características

Generación	Hijos de la guerra	*Baby boomers*	Generación X	Generación y (*millennials*)	Generación Z
Fecha nacimiento	1930-1945	1946-1960	1961-1980	1981-1994	1995-2010
Hechos históricos	II Guerra Mundial	Guerra Fría	Caída del comunismo	Globalización	Internet
Forma de comunica-ción	Analógica	Analógica	Inmigrantes digitales	Nativos Digitales	Nativos digitales
Medio de comunica-ción	Correos	Teléfono	Correo electrónico	*Smartphone*	Redes sociales
Motivación	Supervi-vencia	Ambición	Trabajo	Disfrute	Causas sociales
Persona-lidad	Austeri-dad	Orden	Individua-lismo	Socialización	Indepen-dientes multitarea

Por tanto, no cabe duda de que la generación es un factor de-terminante de la cultura. Las generaciones más recientes tienen un dominio absoluto de la tecnología, son multitarea, independientes, demandantes de derechos y consumidores exigentes, además de que valoran su tiempo libre y, por tanto, se ajustan a los horarios laborales establecidos. Estas generaciones conviven hoy en las empresas con la generación X, que la conforman personas que aceptan los horarios laborales extendidos, tienen mayores dificultades para trabajar en equipo y para el uso de la tecnología.

Cultura definida por el entorno organizacional

El entorno organizacional se refiere a todas aquellas condiciones laborales que se relacionan directamente con la organización y con la forma en la que desarrollan en el trabajo sus equipos, que tienen la capacidad de afectar positiva o negativamente a la motivación, bienestar y compromiso de los profesionales de la firma.

Por tanto, el entorno organizacional tiene una influencia decisiva en el tipo de cultura que se conforma dentro de cada empresa. A continuación, describimos las diferentes culturas que surgen en función de los valores predominantes o del estilo de gestión que impere en la firma.

Definida por los valores predominantes

En función de los valores predominantes, y de cómo estos se viven en la organización, las firmas de servicios profesionales pueden presentar diversos modelos de cultura:

- Autoritarias. Son despachos cuya organización se basa en el poder de los líderes. Se favorece la toma de decisiones centralizada y el control sobre los profesionales que la integran. El ejemplo clásico de este perfil serían despachos muy personalistas, fundados y desarrollados por un líder, cuya sucesión ha recaído en un hijo u otro familiar, y en el que las personas que allí trabajan carecen de iniciativa y de posibilidades de acceder a la condición de socio.
  Presentan como ventaja el que exista un claro alineamiento en la forma de hacer las cosas, en como relacionarse con los clientes, en el aseguramiento de los riesgos profesionales, etc. Sin embargo, son organizaciones en las que no existen planes de carrera, no se reconoce el talento, no hay un sentimiento de pertenencia y, por tanto, los mejores intentarán salir de la firma para buscar su propio desarrollo profesional.

- Normativistas. En este caso, el poder imperante es el de las normas. Estas deben cumplirse estrictamente, de forma que se aseguren las responsabilidades de cada uno. Existen procedimientos a los que ajustarse frente a cada situación, no se permite que la iniciativa personal tome decisiones contra lo preceptuado. Son despachos poco flexibles, con servicios muy estandarizados, excesivamente burocratizados y muy orientados hacia el aseguramiento de la calidad.

- Mercantilistas. El objetivo es el resultado. En todo momento se busca la eficacia y la optimización de los recursos. La satisfacción de los profesionales es algo secundario. Sus ventajas se relacionan con la rentabilidad y el control económico de la organización, sin embargo, un exceso de protagonismo de las finanzas en la firma puede perjudicar a la calidad del servicio y desmotivar a los profesionales que lo integran.

- Humanista. Sus valores predominantes se relacionan con el desarrollo y la realización personal de los profesionales que lo integran. Se valora la iniciativa, se promociona a los mejores que alcanzan el máximo estatus en la firma, se concilia trabajo y vida familiar, se fomenta la formación, etc.

Esta flexibilidad, si es excesiva, puede llevar al peligro de transformarse en una falta de cohesión en cuanto a las posiciones profesionales de firma, de cierta exposición al riesgo, de falta de rentabilidad, etc.

Gráfico 2.5 Tipos de cultura por valores predominantes

Definida por el tipo de cultura

Es muy conocida la clasificación que realizaron Cameron y Quinn, que categoriza la cultura en función de cuatro factores: foco interno o externo, y mayor flexibilidad o mayor control. A partir de ahí se distinguen:

- Cultura clan. Más flexible con mayor foco interno. Organizaciones un tanto paternalistas. Se busca el buen ambiente de trabajo, antes que los resultados. El entorno es flexible y amigable. Se valora especialmente la ética profesional y el desarrollo de la persona. Suele ser propio de despachos pequeños o de firmas medianas que han crecido en poco tiempo.

- Cultura adhocrática. Más flexibles con más foco externo. Son firmas orientadas al desarrollo de nuevos productos y a la innovación, por tanto, se valora la creatividad y el ambiente de trabajo es tolerante. No existe un control centralizado y el organigrama está poco dibujado. El énfasis se pone en la individualidad, el sentido de riesgo y la capacidad de anticiparse al futuro. Es habitual en despachos en los que se han unido varios profesionales: abogados, auditores, economistas, etc., para colaborar en proyectos y compartir recursos.

- Cultura jerárquica. Mayor foco interno con mayor control. Lo importante en estas organizaciones es el control y el procedimiento. Son firmas muy burocráticas, en los que se busca la calidad y la seguridad, antes que la innovación, ya que no se asumen riesgos. Hay líneas de autoridad claramente definidas y el clima laboral es duro y con gran presión sobre los empleados.
Suele presentarse en pequeños despachos muy personalistas con líderes muy autoritarios o en grandes firmas muy procedimentadas.

- Cultura hacia el mercado. Mayor foco externo con mayor control. Enfocada en el negocio y en el resultado. La rentabilidad es el fin fundamental, por lo que son organizaciones muy competitivas y eficientes. Los empleados están muy presionados para la consecución de sus objetivos y existen continuas luchas internas entre ellos para subir peldaños en el organigrama. Está presente en muchas de las grandes firmas y despachos.

La existencia de una u otra cultura estará íntimamente relacionada por el carácter y criterios de los líderes de la firma. Son ellos los que, día tras día, acabarán imponiendo una forma de hacer, un enfoque de negocio y de relaciones interpersonales que acabarán conformando la personalidad de la organización. No obstante, hay que tener en cuenta que estas culturas nunca tendrán perfiles puros como los descritos, es decir, tendrán características de varias de las tipologías.

Gráfico 2.6 Clasificación del tipo de cultura según Cameron y Quinn

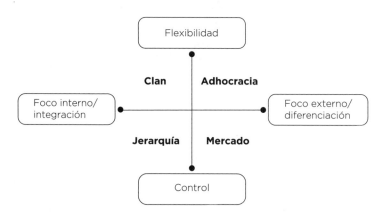

Cultura de las firmas profesionales basada en valores

La cultura de una firma emerge desde los valores que comparten las personas que en ella trabajan. Se entienden por valores de una organización los comportamientos, actitudes, costumbres o pensamientos que la empresa asume como normas de conducta, siendo características distintivas en su posicionamiento y en sus ventajas competitivas.

Estas actitudes no son fruto de la casualidad o de la simple evolución o desarrollo de la empresa. Los valores provienen de los que posean los líderes de la organización. No existen porque simplemente se escriban en un decálogo y se expliquen a los empleados y a los clientes. Existen porque se practican, porque están presentes en las actuaciones de cada día.

Una empresa con valores es una empresa sana, con alma, creíble y con dignidad.

Gráfico 2.7 Valores de una empresa sana

PROFESIONALES

Ética / secreto profesional
Responsabilidad
Cualificación / calidad
Proactividad
Innovación

PERSONALES

Honestidad
Objetividad
Respeto
Transparencia
Trabajo en equipo
Generosidad

SOCIALES

Solidaridad
Sostenibilidad
Respeto derechos humanos
Protección del entorno
Defensa de la Igualdad

Por sus características, ya que son los más extendidos entre las firmas profesionales estos valores podemos agruparlos en tres categorías:

- **Valores profesionales.** Estos se relacionan con el desempeño de la actividad profesional de todas las personas que integran la firma. Son actitudes frente al trabajo y en las relaciones con los clientes. Los principales serían:
  - Responsabilidad: los problemas de los clientes se asumen como si fueran propios.
  - Eficiencia: se proponen soluciones útiles, accesibles y comprensibles.
  - Calidad: satisfacción del cliente, búsqueda de la excelencia.
  - Cualificación técnica: conocimientos, experiencia, actitud de formación permanente.
  - Proximidad: relación cercana, flexibilidad.

- Ética profesional: objetividad, independencia de criterio, confidencialidad.
- Proactividad: anticipación, implicación en la implantación de las soluciones, dinamismo.
- Capacidad de innovación: nuevos enfoques, nuevos servicios.

- **Valores personales.** Los que responden a las creencias fundamentales de esas personas en su vida diaria, en sus relaciones familiares o sociales. Se refieren a las relaciones internas entre las personas que trabajan en la firma. Podemos citar como más representativos los siguientes:
  - Honestidad e integridad: lealtad a los principios asumidos.
  - Objetividad: en la emisión las opiniones profesionales y en la realización del trabajo.
  - Valoración y respeto a la persona: trato considerado, leal y justo.
  - Reconocimiento y valoración de los profesionales: gestión del talento y de la promoción.
  - Compañerismo y trabajo en equipo: trasladar el conocimiento, recoger múltiples visiones para generar soluciones más completas, generosidad para compartir los éxitos.
  - Estilo de dirección: valoración del pluralismo y la diversidad, espíritu dialogante, accesibilidad a los líderes.
  - Transparencia: se comparte información, conocimiento, intereses y objetivos.

- **Valores sociales.** Son los que se relacionan con la dimensión más transcendente de la persona, con su compromiso con la sociedad y con otros seres humanos, los relativos a las aportaciones al conjunto de la sociedad. Se pueden destacar los siguientes:
  - Concienciación y acción social: solidaridad y apoyo a las personas y grupos sociales más desfavorecidos.
  - Respeto y promoción de los derechos humanos: no discriminación, igualdad, dignidad, lucha contra la corrupción.
  - Respeto al entorno: protección del medioambiente, promoción del desarrollo sostenible.
  - Defensa de la igualdad y la diversidad.

De nada serviría enunciar los principios orientadores de la firma si estos realmente no están asentados e inculcados en los profesionales que en ella trabajan. Por ellos, los valores deseados han de convertirse en reales.

Para lograr este objetivo es fundamental:

- Que toda la organización comparta los valores. No deben imponerse, sino asumirse por propio convencimiento y tras un proceso de diálogo y trabajo en equipo.

- Los máximos responsables de la firma deben demostrar que los valores que se defienden desde la organización realmente se aplican a través de sus actuaciones, opiniones y de su forma de comportarse. En definitiva, predicar con el ejemplo, ser coherentes y consecuentes con lo asumido, hacer que los valores estén presentes en las grandes y pequeñas decisiones, en los dilemas que se plantean todos los días.

- Es imprescindible comunicar a todos los miembros de la organización cuáles son los principios que se asumen y se promueven y que los interioricen, para lo que habrá que explicar cómo estos influyen en su trabajo diario y proporcionarles adecuadas herramientas que les ayude.

Por otra parte, es necesario establecer mecanismos que permitan mantener y reforzar en el tiempo los principios generales aceptados y adoptados por el conjunto de la organización.

Para facilitar la implantación, una herramienta fundamental puede ser la elaboración de códigos de conducta que faciliten modelos de actuación común, protocolos para la toma de decisiones, guías de comportamiento, etc.

Evolución de la cultura. La misión de los líderes

Las culturas de las organizaciones no son, ni deben ser, inmutables. Deben evolucionar con los tiempos y con el propio desarrollo de la organización.

La evolución de la cultura no es fácil de asumir. A las dificultades propias de cualquier cambio se une el hecho de que los líderes que deben pilotar el cambio cultural son los mismos que han llegado a la cúspide de la pirámide con la antigua cultura, lo que implica el convencimiento y la transformación personal de los responsables que dirigen la organización.

Por otra parte, el crecimiento es el gran enemigo del mantenimiento de la cultura. De hecho, se dice que una organización que pasa de los 150 profesionales comienza a dividirse en subculturas. Estas diferencias, que están relacionadas con el sentido de pertenencia a grupos más pequeños (división, departamento, etc.), deben ser respetadas, siempre que se mantenga el espíritu fundamental de la firma en su conjunto.

En estos casos, resulta adecuado que se produzcan encuentros, es decir, que se busquen excusas para que personas de diferentes subculturas puedan tener la máxima relación posible. Estas relaciones pueden facilitarse con reuniones transversales, eventos o, incluso, diseñando los espacios para marcar itinerarios dentro de la oficina para «obligar» a pasar por otros puestos para llegar al de cada uno.

La gran misión de los líderes de una firma profesional es crear, mantener y transmitir la cultura. Por ello, estos deben tener habilidades como desarrolladores de personas, lograr que los profesionales quieran hacer lo que tienen que hacer a través de buenos canales de comunicación y apoyarse en embajadores de cultura.

También será fundamental que desde la cúspide de la organización se marquen las directrices para que la captación de talento se centre en la búsqueda de profesionales alineados con la cultura de la firma.

3. Propósito, misión y visión de una firma profesional

Se dice que es necesario que las personas sepan para qué se levantan todos los días y van a su trabajo. Y también se dice que perseguir el beneficio económico no puede ser esa razón.

El propósito constituye la meta inalcanzable de cualquier organización. Es el horizonte al que debe dirigirse el barco, que permitirá mantener el rumbo sabiendo que nunca llegaremos a él.

En los últimos años el concepto de *propósito* ha adquirido un notable protagonismo en el mundo empresarial. Defender que la empresa debe tener objetivos más allá de generar beneficio está relacionado con movimientos de las últimas décadas que han puesto en valor la ética empresarial, la responsabilidad social corporativa, los valores y los criterios ESG (*environmental, social and corporate governance*).

El Consejo Mundial Empresarial para el Desarrollo Sostenible (WBCSD, por sus siglas en inglés) definió la responsabilidad social empresarial (RSE) como «el compromiso continuado por parte de las empresas de mantener un comportamiento ético y contribuir al desarrollo económico, mientras mejoran la vida de los trabajadores y sus familias, de la comunidad en la que trabajan y la sociedad en general». La RSE alcanzado notoriedad considerándose una dimensión más de marca. Se ha superado la idea de la empresa como responsable solo ante sus accionistas, también debe serlo frente a los ciudadanos en general, por el impacto social y ambiental de sus actividades.

Recientemente, muchas empresas han adaptado enfoques con criterios ESG y sus líneas estratégicas se han visto influenciadas por esta nueva corriente. Las compañías han incluido como objetivo fundamental su sostenibilidad, a través de su compromiso social, ambiental y de buen gobierno. En este entorno se enmarca el concepto *propósito*, el cual reclama organizaciones más humanas, que vayan más allá de la maximización del beneficio y que sean capaces de ofrecer soluciones a los problemas de la sociedad y no se lucren sin preocuparse de como impactan.

Toda firma deberá definir su *propósito*, entendido como su razón de existir, es decir, por qué existe. Posteriormente, la *misión*, es decir, qué hacer para alcanzar el propósito. Ambos se complementarán con la *visión*, entendida como hacia dónde se dirigen, es decir, lo que queremos llegar a ser en el futuro, el lugar que se quiere ocupar.

Por tanto, el propósito:

- Fundamenta la estrategia de la firma.
- Proporciona las bases de la misión y visión.

- Conecta con el mercado y los clientes.

- Representa uno de los pilares de la cultura de la organización.

- Inspira y atrae a las personas que lo comparten.

Para conformar el propósito en una firma profesional, debemos responder a las siguientes preguntas:

- ¿Por qué iniciamos nuestra firma?

- ¿Qué necesidad de la sociedad quieres cubrir?

- ¿Qué hace que nuestra firma sea diferente?

- ¿Qué queremos cambiar en el sector?

- ¿Por qué las personas trabajan con nosotros?

- ¿Por qué nos enorgullecemos (o no) de lo que hacemos?

- ¿Cuál es nuestra aportación individual y de la firma a la sociedad?

Simon Sinek desarrolló un modelo de relación entre propósito, misión y visión, al que denominó Golden Circle, que se presenta en el siguiente gráfico:

Gráfico 2.8 *Golden Circle*

Fuente: Simon Sinek

Respecto a las preguntas formuladas, el «¿qué?» se refiere a qué hace la organización y para qué lo hace. Se puede asimilar a lo que se conoce como misión. El «¿cómo?» se relaciona con la propuesta de valor de la organización, con el lugar que se quiere ocupar en el mercado, se corresponde con la visión. Y el «¿por qué?» representa la razón de existir de la organización, que la hace diferente, que pretende cambiar del *statu quo*. Es decir, su propósito.

Por tanto, las preguntas y características que se responden en cada círculo serán:

Tabla 2.2 Preguntas y características que se responden en cada círculo

	Preguntas	Características
Propósito	• ¿Para qué existimos? • ¿En qué contribuimos a la sociedad? • ¿Qué impacto tenemos en el mercado? • ¿Qué aportamos a los clientes?	• Permanente • Estable • Inclusivo • Idealista • Resiliente • Aceptado
Visión	• ¿En qué nos queremos convertir? • ¿Qué resultados queremos alcanzar? • ¿Qué imagen queremos proyectar?	• Positiva • Inspiradora • Ambiciosa • Realista • Medible • Temporal • Alineada con valores y cultura
Misión	• ¿A quién te diriges? • ¿Qué ofreces? • ¿Cuál es tu ventaja competitiva? • ¿Cómo medir el éxito?	• Claridad • Inteligible • Simplicidad • Concreción • Diferencial • Temporal

Algunos ejemplos de propósito, misión y visión en firmas profesionales serían:

Ejemplos de propósito

Accenture
«Llevar adelante los avances de la tecnología y el ingenio humano, que son necesarios para el cambio».

Auren
«Contribuir al desarrollo sostenible de la sociedad, las organizaciones y las personas».

EY
«Construir un mejor modelo de negocios».

Mazars
«Crear valor compartido».

KPMG
«Generar confianza en la sociedad y resolver problemas».

Uría Menéndez
«Mucho más que un despacho de abogados: una escuela, una empresa y una institución».

Garrigues
«Generar un entorno de seguridad y confianza que impulse el desarrollo de las empresas».

Ejemplos de misión

Accenture
«Crear futuro a través del cambio».

BDO
«Ser líderes reconocidos internacionalmente en proporcionar un valor añadido a nuestros clientes».

Clifford Chance
«Ser la firma global líder elegida por las empresas líderes del mundo de hoy y de mañana».

Deloitte
«Contribuir a la excelencia de nuestros clientes y nuestra gente».

Garrigues
«Ofrecer el mejor asesoramiento a nuestros clientes, allí dónde estos desarrollen su actividad».

KPMG
«Dar respuesta a los principales retos de la sociedad a través de nuestra capacidad de generar impacto y transformación social».

Pérez-Llorca
«Buscar y ofrecer a nuestros clientes la mejor opción para cada caso concreto».

PwC
«Generar confianza y resolver los problemas de nuestra sociedad a través de nuestras capacidades».

Ejemplos de visión

Auren
«Ser reconocidos como una firma líder de servicios multidisciplinares en los países donde estemos presentes».

Deloitte
«Ser modelo de excelencia».

Garrigues
«Ser uno de los líderes mundiales en la prestación de servicios legales y fiscales».

Linklaters
Ser los mejores en nuestra categoría. Ganar en los mercados que escogemos.

KPMG
«Aportar confianza e impulsar la transformación de la sociedad a través de la actuación de nuestros profesionales, con el fin de apoyar la consecución de los ODS (Objetivos de Desarrollo Sostenible) y promover un futuro mejor para todos».

Mazars
«Diferenciarnos ante nuestros clientes, nuestros equipos y nuestras comunidades».

PwC
«Contribuir nuestro conocimiento y capacidades a generar impacto social.

Podemos, pues concluir que el propósito está internamente relacionado con la gestión de personas, será un instrumento esencial para atraer y retener talento que permitirá orientar la cultura de la firma y la de sus equipos profesionales, facilitará la comunicación interna, potenciará el desarrollo de la responsabilidad social corporativa y la acción social y vertebrará las políticas de igualdad y diversidad.

4. Estrategia de la firma profesional

La estrategia, si se entiende como la determinación de objetivos y la adaptación de las acciones necesarias para alcanzarlos, permite a todas las empresas adaptarse a las necesidades del entorno y poder competir.

Por tanto, una parte fundamental de la conformación de la estrategia será la definición de los objetivos estratégicos, es decir, los resultados que la empresa espera alcanzar mediante acciones encaminadas a cumplir su misión, inspiradas en la visión, el propósito, la cultura y sus valores.

Nos ayudaremos de la definición de Peter Drucker de las diferentes perspectivas de los objetivos estratégicos para mostrar algunos ejemplos de estos objetivos:

- **Cuota de mercado**
  - Aumentar la facturación en un determinado porcentaje.
  - Incrementar el tamaño de cliente.
  - Aumentar el ratio de facturación por cliente.
  - Aumentar la venta cruzada entre áreas.
  - Aumentar la facturación media por socio.
  - Aumentar la facturación media por profesional.
  - Mejorar el reconocimiento de la marca.
  - Aparecer en *rankings* o directorios.
  - Especializarse en un sector para aumentar los clientes y la facturación.
  - Abrir nuevas oficinas nacionales o internacionales.

- **Innovación**
  - Implantar soluciones con tecnologías disruptivas (IA, *blockchain*, robótica, etc.).
  - Realizar la transformación digital de procesos.
  - Desarrollar un portal del cliente.
  - Implantar herramientas de gestión del conocimiento.

- **Productividad**
  - Implantar herramientas de control de horas.
  - Implantar la ISO 9001.
  - Implantar un CRM.
  - Aumentar las horas facturables.

- **Recursos**
  - Mejorar las oficinas e instalaciones.
  - Mejorar la página web.
  - Incrementar la presencia en redes sociales.

- **Rentabilidad**
  - Aumentar el BAS.
  - Reducir los gastos generales.

- **Desempeño de la gerencia**
  - Implantar herramientas de control de gestión.
  - Implantar un tipo de evaluación 360.
  - Mejorar el índice de satisfacción de los clientes.
  - Aumentar la presencia de socios en medios de comunicación.
  - Aumentar el número de conferencias impartidas por los socios.

- **Desempeño de los equipos**
  - Aumentar la formación a cargo de la empresa.
  - Mejorar los resultados de la evaluación del desempeño.
  - Reducir de la rotación de empleados.

- **Responsabilidad social**
  - Aumentar las acciones sociales.
  - Aplicar iniciativas de sensibilización sobre los ODS.

Gráfico 2.9 Relación entre propósito, misión y visión con la estrategia

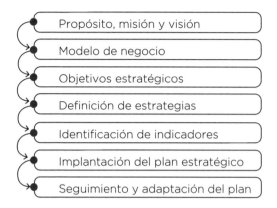

En una firma profesional una parte fundamental de su estrategia debe dirigirse hacia las personas abordando diferentes políticas:

- Políticas de selección.
- Políticas de contratación.
- Políticas de fidelización y gestión de la rotación.
- Políticas de evaluación y retribución.
- Políticas de motivación.
- Políticas de plan de carrera.
- Políticas de formación.
- Políticas de gestión de la diversidad (plan de igualdad).
- Políticas de comunicación interna.

En los siguientes capítulos abordaremos cada uno de los aspectos relacionados con estas políticas.

3
EXPERIENCIA DE EMPLEADO EN UNA FIRMA PROFESIONAL

1. Bienestar del empleado y competitividad

En la actualidad, el bienestar ha pasado de ser un resultado colateral de la acción de trabajar (si encima en el trabajo, te lo pasas bien, ¿qué más puedes pedir?) a convertirse en una variable explicativa de la productividad. Todos los estudios sobre psicología del trabajo nos llevan a pensar que el bienestar constituye la principal variable moduladora de la productividad sostenible. Es importante el adjetivo *sostenible*, porque una cultura empresarial de malestar puntualmente puede obtener alta productividad, pero lo interesante para la empresa es la sostenibilidad a lo largo del tiempo de la empresa y no solo resultados episódicos que se consiguen a través de una política de miedo.

   ¿Por qué se da este cambio de ser consecuencia a ser variable cuando se habla de bienestar en la empresa? Fundamentalmente, por la conciencia de vulnerabilidad que asume el ser humano en este momento. Hay cuatro miedos que corroe el concepto y la cultura del trabajo:

- **Miedo a la muerte imprevisible.** La epidemia COVID-19 puso encima de la mesa que el progreso está invadido de imponderables imprevisibles. El aleteo de la mariposa que según decía Edward Lorenz podía desencadenar un tornado en la otra parte alejada del planeta. La pandemia desencadenó el miedo físico por la vulnerabilidad de nuestra salud y nuestra vida a pesar de estar rodeados de multitud de tecnología no nos servía para nada.

- **Miedo al fin del mundo.** Lo que en psicología se llama ecoansiedad. Es el miedo al cambio climático, al apocalipsis provocado por la actividad humana sobre la naturaleza y la crisis del Antropoceno se configuran como eje explicativo de tu realidad.

- **Miedo a la sustitución por las máquinas.** La irrupción de la inteligencia artificial (IA) como estructura de trabajo donde se sustituye el valor del experto. Las máquinas invaden lugares y puestos hasta ahora de decisión humana, incluso con mayor destreza e inteligencia.

- **Miedo a asumir un mayor nivel de responsabilidades en el trabajo.** La flexibilización en las formas de trabajo, como el teletrabajo y el *smart working* facilitan una relación más lejana de la convivencia diaria en el trabajo que antes se enmarcaba en la necesidad continua de la presencialidad. La virtualización del trabajo conlleva a un valor más individual y menos colectivo del trabajo.

Estos cuatro miedos se convierten en una tormenta perfecta sobre la relación con el trabajo. La cultura del trabajo deja de ser solo un valor de contraprestación (contrato) a ser un valor de bienestar (compromiso), por eso en el mundo de las firmas profesionales tenemos que comprender que está cambiando el valor del trabajo. Toda generación es fruto de sus circunstancias históricas (no se puede explicar la generación del 98 en la literatura de España sin la pérdida de las colonias americanas por España), por tanto, en este momento, las personas que componen la base de nuestros empleados está cambiando la cultura del trabajo y las firmas profesionales deberán entender este cambio y adaptar la gestión de personas para conseguir un mayor nivel de compromiso.

La cultura del trabajo, tras estos cuatro miedos que rodean al talento, matiza la consideración de los cuatro valores que define el trabajo:

- **Valor dedicación.** Hemos pasado de vivir para trabajar a trabajar para vivir. Nunca hemos estado (ni estaremos en los extremos), pero sí se ha modificado el valor del trabajo en nuestra vida por esos miedos. Lo importante no es ir a trabajar, sino conseguir resultados. Este cambio de perspectiva nos permite crear sistemas y modelos más centrados en resultados (por ejemplo, modelos OKR en evaluación del rendimiento) y evitar trabajos donde solo el tiempo sea el valor para apreciar la idoneidad del propio trabajo.

- **Valor de la significación del trabajo.** Sin duda, el trabajo es un valor o anclaje básico para el desarrollo de una persona; pero en una visión mesurada. Ni en el extremo donde lo único importante es el trabajo y ni aquel que el trabajo es una mera contraprestación económica. No obstante, observamos una tendencia a la pérdida de significación del trabajo como eje explicativo de tu vida. En esta nueva generación no te definen ni tu puesto (nivel) ni tu empresa, sino lo que haces en tu día a día. Esta visión de menor necesidad de escalabilidad en la empresa conlleva una consideración de la importancia de la autoeficacia (ser bueno en lo que quieres ser bueno). En generaciones anteriores, lo importante era tener estatus y el rol del directivo, hoy día ponemos el foco en la importancia de hacer lo que se quiere hacer.

- **Valor del éxito.** Creer que el éxito solo existe en el trabajo y despreciar otras fuentes de éxito y sentir que la única forma de ser importante es gracias al trabajo, implica una visión reduccionista del éxito. El éxito se comparte con una visión de conciliación: el éxito profesional, personal y familiar se convierte en una concepción más equilibrada de lo que es un verdadero ser humano. ¿Qué es el éxito? Esta es la pregunta que más me gusta hacer a las personas que se incorporan en una firma profesional. Las nuevas generaciones se centran en valores personales más que las generaciones anteriores donde tenían prevalencia los valores estrictamente empresariales.

- **Valor de seguridad.** La desacralización del trabajo como fuente de seguridad influye mucho en este momento de incertidumbre. Se puede ser feliz sin un trabajo por cuenta ajena o propia que sea representativo, esto genera una aproximación diferencial al mundo del trabajo. La proliferación de *freelance* y de puestos temporales en los últimos años demuestra una visión más centrada en lo que uno quiere hacer que en lo que tiene que hacer.

Por tanto, los miedos coyunturales de estos años veinte del siglo XXI generan una cultura de trabajo más matizada por su dedicación, significación, su valor como éxito y su consideración como algo imprescindible para ser feliz. Esta nueva cultura de trabajo nos lleva a una nueva forma de compromiso. Siempre que presencio una escena de confusión de los veteranos diciendo que los jóvenes no se comprometen, pienso que el concepto *compromiso* tiene valores diferentes, pero todos queremos comprometernos de diferente forma con un proyecto. El compromiso actual pasa por una cultura de trabajo que no valora solo la presencialidad, sino que valora el trabajo autónomo, aprecia a las personas que saben conciliar y se apuesta por las personas que visualizan el trabajo como una parte de su vida y no como un todo que les convierta en adictos al trabajo. El compromiso del nuevo empleado pasa por la flexibilidad, *empowerment* (autonomía), conciliación y el crecimiento personal como valores básicos. Es decir, dar valor al bienestar del empleado como inversión productiva.

El bienestar se ha convertido en el nuevo paradigma que tener en cuenta de la contraprestación del trabajo pasando de la visión de contrato a una visión de contribución.

Gráfico 3.1 La ecuación actual del trabajo

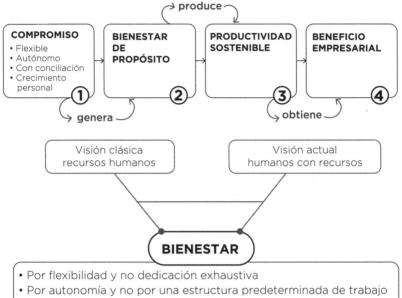

Este cambio de enfoque de recursos humanos a humanos con recursos implica un cambio en las políticas y prácticas del Departamento de Personas siguiendo estas nuevas claves del compromiso con el empleado que generan bienestar. Vamos a analizar con un poco más en detalle estas cuatro claves.

- **Flexibilidad.** La adecuación del propósito de la empresa con el proyecto de la persona necesita de flexibilidad organizativa. Un lugar donde el espacio y tiempo de ejecución del trabajo no determinan los resultados y, por tanto, su flexibilización da la oportunidad al empleado de alinear su disponibilidad a su tiempo o su espacio. La flexibilidad conjuga muy bien con el trabajador del conocimiento que tenemos en las firmas profesionales, nunca hay que pensar solo en el valor de dedicación (horas) como ejemplo del buen profesional. Tener ejércitos de personas disponibles a cualquier hora deposita toda la responsabilidad en el que manda. Con dosis de flexibilidad, el propietario (*owner*) del trabajo es el propio trabajador y no un mando intermedio controlador.

Siempre se piensa en el que no cumple o se escaquea cuando hablamos de flexibilidad, pero esas falsas alarmas, que son mínimas en un entorno donde todos los compañeros tienen encadenada su flexibilidad a tu esfuerzo, no se puede comparar con las alarmas falsas de los empleados que «están disponibles» pero tienen «absentismo psíquico» (están, pero no están).

Invertir en flexibilidad es generar entornos o ecosistemas de corresponsabilidad que nos sirve para evitar trabajadores de tiempo y tener trabajadores de resultado. En la teoría de juegos, nos encontraríamos con un juego de no sumar cero, porque con una buena política de flexibilidad gana la empresa por el resultado y compromiso y gana el empleado por su capacidad de elección del tiempo y espacio del trabajo.

El compromiso desde la flexibilidad supone un compromiso más equilibrado por las aportaciones de cada persona, más que por la disponibilidad de tiempo del empleado. Es preferible compromiso desde la confianza en los resultados sobre las obligaciones de horarios (presenciales u *online*) que solo nos aseguran disponibilidad sin asegurar resultados. Cada vez más los aspirantes a trabajar en una firma profesional desean buen ambiente y flexibilidad (teletrabajo).

- **Autonomía.** Más allá de la flexibilidad de tiempo y espacio, que veremos al hablar del teletrabajo, tenemos el concepto de autonomía. Cada vez más, las generaciones *millennials* y Z necesitan sentirse autores de su trabajo y, por ende, ser autónomos no solo del tiempo y del espacio de trabajo, sino también de cómo se realiza el trabajo. Desde hace mucho tiempo, en la ciencia psicológica se ha hablado del poder del *empowerment* a la hora de generar compromiso y bienestar del empleado, pero en este momento es capital en el compromiso en época de escasez de talento.

La autonomía o *empowerment* significa sentirse dueño de la forma, los medios, los tiempos, el sitio del trabajo, pues la flexibilidad es necesaria para la autonomía, aunque no suficiente.

Se puede ser flexible en tiempos y espacios y encadenar a los empleados a hacer las cosas según los modelos y procesos ideados por los superiores. Esta visión burocrática de la cultura asfixia el compromiso, porque busca el hacer sin creer en las capacidades de las personas en confeccionar su saber hacer, las teorías de Job Crafting han demostrado que dejar a las personas la autonomía de elegir cómo quieren trabajar ofrece un mayor nivel de compromiso siempre que se asegure los resultados.

En la base de la autonomía está la definición *autoeficacia* utilizada por el gran psicólogo Albert Bandura que se basa en que cada persona busca realizarse en su saber hacer y siente bienestar cuando hace lo que sabe hacer, y esto se convierte en su seña de identidad. De aquí la importancia de buscar empleados que sean autores de su vida profesional y no meros traductores del saber de un responsable. Esta ubicación del control del trabajo en la autoeficacia del empleado dota de enorme fuerza al compromiso del empleado.

La empresa cree y apuesta que el saber hacer del empleado conlleva unos mejores resultados. Pero, a diferencia con la flexibilidad, el desarrollo de la autonomía necesita mucha inversión formativa para alcanzar la capacidad profesional de poder actuar desde el propio saber hacer. Es necesario invertir en formación, no solo en programas grandes de la empresa, sino también en formaciones focalizadas e individualizadas para obtener que cada empleado tenga confianza en su propia eficacia.

El nivel de autonomía de los empleados marca unas nuevas reglas de compromiso. No queremos empleados comprometidos a través de memes en redes sociales, sino personas que dominen autónomamente su saber hacer y que valoren la firma profesional que le deja libertad a la hora de trabajar. Con una visión de autonomía, los líderes deben apostar por una labor más de *sherpa* de ayudar a desarrollar el nivel de eficacia de cada empleado y ser el alentador de su trabajo para que merezca la pena trabajar en este ecosistema empresarial.

- **Conciliación.** Tener flexibilidad y autonomía en el trabajo genera un enorme nivel de compromiso con la empresa, pero todos necesitamos tener espacio y tiempo de conciliación. La conciliación no es una dádiva que le muestras al empleado y se queda en agua de borrajas a la primera, sino que se demuestra con el ejemplo del líder. Si el líder no concilia y pone su propia conciliación como ejemplo no podemos obtener un clima adecuado para la conciliación. El aprendizaje vicario (hago lo que veo) es básico en el desarrollo de una verdadera conciliación.

Hay tres reflexiones muy útiles para analizar la conciliación como factor básico de compromiso con el trabajo:

- **La conciliación debe ser tripartita: trabajo, familia y personal.** Hasta hace poco hemos ceñido el concepto conciliación al ámbito familiar, generando artificialmente el dilema trabajo o familia. Este falso dilema que establece que el trabajo quita tiempo de la familia es un planteamiento erróneo de la conciliación, esta es importante porque sabemos que la desconexión del trabajo genera rentabilidad a largo plazo. Una plantilla descansada y ocupada en otros ámbitos de la vida, tanto el familiar como el personal, posibilita empleados más preparados para afrontar los retos del trabajo. Sobre todo, cuando la mayoría del trabajo, en las firmas profesionales, tiene cada vez más una enorme carga de trabajo intelectual. Por eso, hay que pensar que conciliar no es cambiar el estrés del trabajo por el estrés familiar, sino generar tiempos de desenganche y de descanso que permita que se resetee el recurso intelectual, que es el principal valor del trabajador actual. Más allá del descanso físico, las personas necesitan descanso psíquico desconectando de las preocupaciones y ocupaciones de nuestro ámbito de trabajo.
- **La conciliación debe inscribirse en la diversidad.** Cuando se piensa en conciliación y se asocia con género, habitualmente al femenino, estamos entrando en un campo de discriminación. La conciliación no tiene género y plantearlo como medida de igualdad es una absurdez. Conciliar se trata de priorizar a las personas y sus circunstancias antes que la obligatoriedad de las tareas. En la decisión de la conciliación no se debate tiempo de ocio, sino la comprensión del trabajo como una tarea sostenible en el tiempo, pero con tiempos de

dedicación vital que permita un mayor descanso mental. Por eso, no debe entenderse como una medida pensada para que las mujeres sigan manteniendo una doble agenda: casa y trabajo, sino para que las personas puedan imbricar los objetivos personales y familiares en las necesidades empresariales. Equilibrar decisiones de la crianza (de todos), la dependencia (de todos) y el ocio (de todos) con las obligaciones del trabajo es un problema de cualquier empleado, independientemente de sus circunstancias personales.

- **La conciliación debe aceptar la flexibilidad.** Si la flexibilidad es un aspecto del compromiso en el mundo actual, también debemos pensar en la flexibilidad de la conciliación. No vale ser flexible en los tiempos de trabajos e inflexible en la conciliación. Asumiendo que conciliar es un valor de rentabilidad, pues el descanso mental es básico para la productividad, no se trata de instalar absolutismo ni en un mundo del trabajo ni en la propia conciliación.

Conciliar implica intentar poner de acuerdo y hacer compatibles diferentes obligaciones vitales, donde el trabajo es una gran fuente, pero no la única, aunque debemos comprender las dinámicas exigentes del mundo del trabajo. Conciliar como descanso mental, no solo familiar, no solo de un género y no solo siendo inflexible con el tiempo de conciliación. La conciliación es un eje fundamental del compromiso, entendido como proceso productivo en sí mismo.

Hoy en día, suele pensarse que el teletrabajo es la solución de la conciliación, pero todo depende de la forma de teletrabajo y control que se hagan sobre este. Si la única ventaja del teletrabajo es evitar el desplazamiento no puede sentirse como la sustitución de una visión no conciliadora. La cultura de la conciliación, igual que la flexibilidad y las situaciones, se basa en la confianza entre las partes y no en modelos de control y seguimiento que comienzan en la desconfianza humana.

- **Crecimiento personal.** El último factor del nuevo concepto de compromiso es la apuesta por el crecimiento personal y no solo el crecimiento en el ámbito profesional. Las personas desean trabajar en empresas donde no se les vea solo como profesionales, sino más como personas que asumen el rol profesional. En este sentido, una preocupación y ocupación sincera en apoyar a las personas en sus vicisitudes vitales supone un acercamiento de confianza. El crecimiento personal implica un mayor nivel de autoconocimiento, de trabajar las creencias limitantes y de saber posicionarse en cada momento profesional. La persona es única y no puede separarse del profesional; por tanto, en multitud de ocasiones, las decisiones organizativas se encallan por no tener en cuenta factores personales. Lo personal es un ámbito donde las empresas deben ofrecer un ecosistema de desarrollo (cursos de habilidades, *coaching*, *mentoring*, asistencia psicológica) para los profesionales puedan apoyarse en sus desarrollos empresariales.

El crecimiento personal supone un cambio de visión profundo del concepto de recursos humanos. Implica que lo primero no es ser un recurso sino ser, principalmente, un ser humano. La visión de humanos con recursos supone un cambio de centro de atención y sitúa a Kant en el centro de la cultura del trabajo: una persona no es nunca un medio, siempre es un fin.

Igual que la empresa debe posibilitar un ecosistema de desarrollo personal y profesional, no debemos extralimitarnos en el afán humanista y caer en panteísmo de ser responsable de la felicidad de los empleados. La moda de los GeFe (gestores de felicidad) conlleva una invasión en la estructura personal como es el concepto de felicidad de cada una de las personas. La felicidad como término ómnibus puede entenderse de muchas formas y generar ambigüedad en la gestión dentro de la empresa. La empresa es responsable de evitar los ecosistemas tóxicos (puestos tóxicos, jefes tóxicos, tiempos tóxicos, espacios tóxicos, etc.), pero no de la felicidad de sus empleados.

El compromiso actual de las empresas conlleva al bienestar de los empleados, no solo por condiciones materiales, sino también psicológicas. Y este compromiso necesita el trabajo y pensamiento de la empresa en estas cuatro realidades:

Gráfico 3.2 Claves del compromiso del empleado

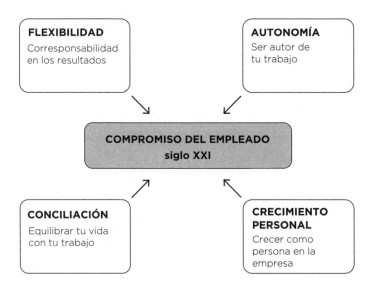

Si las firmas profesionales del siglo XXI quieren atraer a los profesionales de éxito del futuro deben tener una apuesta clara por el bienestar. El compromiso se basa, por tanto, en la confianza en:

- Los tiempos de dedicación.
- La forma de trabajar.
- El equilibrio personal, familiar y laboral.
- El crecimiento como personas.

Y desde esta visión actual del compromiso se puede generar esa verdadera apuesta por el bienestar como elemento clave de la empresa.

La relación del compromiso (flexible, autónomo, con conciliación y crecimiento personal) con el bienestar es directa. Principalmente, cuando en el mundo de las firmas profesionales el concepto bienestar hemos pasado de visualizar un bienestar hedónico a un bienestar de propósito.

Gráfico 3.3 Modelo de los 10 factores de Auren

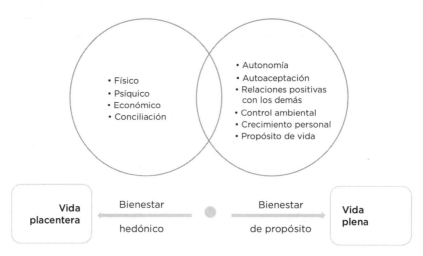

- Físico
- Psíquico
- Económico
- Conciliación

- Autonomía
- Autoaceptación
- Relaciones positivas con los demás
- Control ambiental
- Crecimiento personal
- Propósito de vida

Vida placentera ← Bienestar hedónico ● Bienestar de propósito → Vida plena

El nuevo tipo de compromiso implica un bienestar de propósito más que un bienestar solo hedónico. Las personas necesitan factores de propósito de su vida entre lo que le ofrece una empresa desde su propósito como organización. El alineamiento de propósito de vida de los empleados con el propósito de la empresa es la alquimia de la gestión de personas en una firma profesional.

Si el compromiso produce bienestar de propósito hemos contemplado la primera parte de la ecuación.

Gráfico 3.4 Ecuación de bienestar

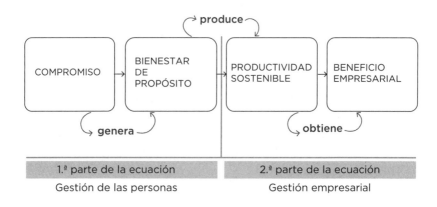

produce

COMPROMISO → BIENESTAR DE PROPÓSITO → PRODUCTIVIDAD SOSTENIBLE → BENEFICIO EMPRESARIAL

genera

obtiene

1.ª parte de la ecuación
Gestión de las personas

2.ª parte de la ecuación
Gestión empresarial

Pero debemos ser capaces de generar la segunda parte de la ecuación actual del trabajo, para ello. las empresas deben apostar por:

- Que el bienestar de propósito de sus empleados se traduzca en productividad real empresarial.

- Que la productividad tenga una visión de sostenibilidad con un enfoque de crecimiento empresarial.

- Que la productividad sostenible sirva para obtener una competitividad diferencial en el mercado de las firmas profesionales.

Los modelos de gestión de personas son los procesos que nos permiten traducir que el bienestar de los empleados obtenido por su nivel de compromiso se traduzca en una verdadera productividad y, por ende, en una mayor competitividad de la firma profesional.

Gráfico 3.5 Modelo de gestión de personas

Los modelos clásicos de planificación de plantillas se centraban en calcular la fuerza de trabajo a partir de horas de trabajo, hoy día en momentos de inteligencia artificial lo importante es la dotación de capacidades en la plantilla para resolver problemáticas y temáticas que no se definen por su tiempo de elaboración sino por saber preguntar a la realidad lo que se debe preguntar. No estamos en tiempos de «hacer» sino de «saber hacer».

Si a través de tu modelo de compromiso obtienes el bienestar de los trabajadores será porque tienes alineados y coordinados los sistemas de gestión de personas. Este sistema responde a cuatro preguntas básicas, que son la base de los modelos de experiencia de empleado.

1. ¿Cómo adquirimos las personas con recursos?
2. ¿Cómo mantenemos, fidelizamos y gestionamos a dichas personas?
3. ¿Cómo atendemos y apoyamos a estas personas?
4. ¿Cómo desarrollamos y hacemos crecer personal y profesionalmente a las personas con recursos?

Estos cuatro cómos son las preguntas que tenemos que hacer para incrementar la productividad cuando dirigimos la cultura de compromiso hacia el bienestar.

Gráfico 3.6 Aplicación de los cuatro cómos a un modelo de compromiso

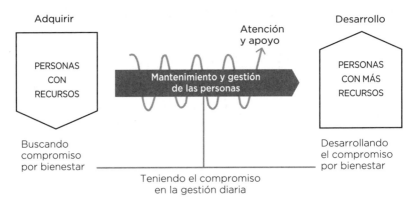

Los modelos de gestión de personas buscan, mantienen y desarrollan el compromiso con bienestar a lo largo de los avatares empresariales. La productividad no se consigue solo con tener las personas con los recursos que necesitamos, sino gestionándola y desarrollando el compromiso en cada encuentro de la organización.

Esta visión dinámica de la productividad nos hace buscar no solo causas sino también:

- **Concausas.** En cualquier problemática humana conviven varias causas que no solo suman, sino que multiplican y, en progresión geométrica, dificultan su solución.

- **Variables moduladoras.** En un modelo de productividad siempre hay variables que intervienen, principalmente, causas ajenas y no previstas que modulan dicha productividad.

- **Equifinalidad.** Llegar a obtener la misma productividad por diferentes medios sin tener en cuenta que no siempre se produce con los mismos factores.

La productividad en una firma profesional debe tener en cuenta que no suele haber una sola causa que explica los resultados, sino que aparecen y emergen multitudes de variables moduladores de la productividad y existen diversas formas de llegar a los mismos resultados. Estas inespecificaciones nos llevan a renunciar a los modelos estáticos y causales de la productividad, la única seguridad es que el bienestar de los empleados crea el caldo de cultivo idóneo para obtener una mayor productividad.

Hay que diferenciar claramente la productividad puntual de la productividad sostenible. Lo que toda firma profesional busca es la sostenibilidad de los resultados y es capital el bienestar en esta sostenibilidad. Nadie puede negar que se llegan a lograr productividades puntuales imponiendo ecosistemas de exigencia y control que no tienen en cuenta al bienestar del empleado, pero la línea del horizonte de estos modelos es corta, porque el talento, hoy día, no tiene valores tan cercanos a la escalabilidad de rol y ambiciones organizativas como en las generaciones del *baby boom* (1946-1964) y la X (1965-1979), en este momento tanto los *millennials* (1980-1994) como la generación Z (1995-2012) buscan este compromiso con el bienestar.

En la actualidad, la productividad sostenible que se consigue gracias a personas con recursos que tienen compromiso por el bienestar es la apuesta de éxito de las firmas profesionales.

El crecimiento y la competitividad de las firmas profesionales se basa en esta productividad sostenible que supone políticas activas de gestión de personas. Sin duda, inciden muchas variables económicas exógenas y endógenas en dicho crecimiento y productividad, pero en todo proceso de éxito empresarial existe una reflexión y actuación adecuada en la gestión de personas. Las personas son un elemento clave y nuclear para el crecimiento de la empresa, pues en todo crecimiento existe un proceso de enriquecimiento de capacidades de personas y en toda firma competitiva se puede observar personas desarrolladas en sus capacidades e instaladas en el compromiso con la compañía.

Es decir, el bienestar es básico en el compromiso de los empleados y es una condición necesaria (no suficiente) para explicar un proceso de crecimiento y competitividad de la firma profesional. Decía Peter Drucker: «Cada vez que veas un negocio exitoso, piensa que en algún momento alguien tomó una decisión valiente». Y, sin duda, hoy día, la decisión valiente tiene que ver con la cultura y la visión de gestión de personas, principalmente en las firmas profesionales, donde el recurso humano no es *un* recurso, es *el* recurso, sin olvidar que nunca es solo un recurso, sino una persona con recursos.

2. Ciclo de vida del empleado en una organización: atracción, gestión, diversidad y desarrollo

En la historia de la gestión de las personas en las empresas han pasado multitud de paradigmas que se han ido adaptando a la evolución de los modelos de empresa que hemos tenido. Aunque en algunos momentos la historia del *management* se han identificado más de diez modelos de recursos humanos, podemos expresarlo con tres grandes modelos con sus visiones y enfoques:

Tabla 3.1 Modelos principales de recursos humanos

	Visión económica	Visión legal	Visión psicosocial
Modelo de gestión de personal	Enfoque administrativista		
Modelo de gestión de recursos humanos	Enfoque de talento		
Modelo gestión de personas	Enfoque de experiencia de empleado		

En el modelo de gestión de personas hemos pasado de utilizar términos tan grandilocuentes como era *talento* a un término más emocional y, sobre todo, más cercano como es *bienestar*. El bienestar es un término más cercano a la realidad, porque todos tenemos momentos de bienestar y de malestar a lo largo de la vida en una empresa. Este concepto se asocia a un modelo más de experiencia de empleado que a una visión holística del talento. Esta evolución cultural se entiende:

Gráfico 3.7 Evolución cultural en la gestión de personas

La dinámica talento/compromiso es un bucle melancólico de discusión porque ambas partes son necesarias para conseguir buenos resultados. Sin talento, de poco vale el compromiso ciego. Y sin compromiso poco valor sostenible vamos a obtener para la empresa. Ahora la pregunta es: ¿dónde invertimos para tener ambas cosas: talento y compromiso?

En este dúo del talento y bienestar hay que empezar a invertir en el bienestar y no esperar a tener talento sin comprometerte con su bienestar. Es mejor huir de visiones centradas en las capacidades que no van acompañadas de una potente reflexión sobre el bienestar. Pues la dirección es:

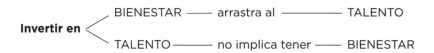

El modelo de experiencia de empleado ha surgido en los últimos diez años en las firmas profesionales para relativizar y matizar la apuesta por el talento. Durante mucho tiempo se ha llenado la boca de los directivos con la importancia del talento, pero en situaciones críticas empresariales, esta apuesta ha pasado a ser secundaria frente a cuestiones económicas. Por eso, no debemos crear discursos grandiosos del talento cuando cualquier firma profesional puede pasar por momentos en los no puede mantener dicho discurso. En este sentido, el concepto experiencia de empleado tiene más matices, ya que no plantea una apuesta por el talento sino por que la persona tenga la mejor experiencia posible mientras esté en esta organización. Con este realismo y practicidad se generan expectativas más adecuadas al momento que se está viviendo y no tanto a un compromiso por el talento que, en muchas ocasiones, no se puede conseguir debido a las reestructuraciones necesarias que limitan la experiencia, eso sí, durante la misma hemos tenido una grata experiencia.

La experiencia de empleado procede del mundo de la experiencia del cliente (marketing) y se traslada al mundo del empleado, y tiene cuatro características:

- **El concepto ciclo de vida del empleado.** Una gran aportación de este modelo es una visión cíclica del empleado, pues construye un discurso desde el momento previo de ser empleado (posible candidato) hasta el momento posterior de ser empleado (alumni). Y con el concepto ciclo de vida (nace, crece, reproduce y muere) aplicamos al empleado una visión longitudinal de:
  - Posible candidato.
  - Candidato.
  - Empleado.
  - Exempleado.

Con esta cosmovisión del empleado a lo largo de su trayecto de adhesión con la empresa se pueden hacer políticas de captación, atracción, gestión, mantenimiento, retención, desarrollo y desvinculación del empleado. Sabiendo que, en cada momento, el empleado tiene objetivos diferentes y, por ende, necesita respuestas diferentes por parte de la firma profesional. Todo empleado es diferente por el momento de experiencia que supone que vivimos en un momento dado de nuestra vida laboral.

- **Visión centrada en la práctica.** La experiencia de un empleado no es una política de recursos humanos. Es decir, no hay políticas de selección, sino una experiencia especifica y única de una persona que es candidata en un momento determinado. Por tanto, todas las políticas, modelos, procesos y sistemas de gestión de personas deben ceñirse a momentos de la verdad, «cuando la persona necesita una respuesta de la organización». Mas que hacer políticas hay que crear protocolos de actuación que genere (dentro de la igualdad de oportunidades) una respuesta individualizada. Porque no hay dos experiencias iguales y, además, en cada momento se necesitan decisiones diferentes en beneficio de hacer más interesante la experiencia.

- **Experiencias significativas para su aprendizaje.** No se trata de provocar buenas experiencias y tener contento al empleado, sino de posibilitar situaciones de aprendizaje que sirvan para, además de la satisfacción, suponga un crecimiento de capacidades. Lo importante de una experiencia es su valoración en tres planos:
  - Nivel de satisfacción.
  - Nivel de aprendizaje.
  - Nivel de bienestar.

De aquí la importancia de los procesos de comunicación de las experiencias. Todo proceso que implique una salida de la zona de confort de las personas supone un malestar inicial. Solamente sabiendo el porqué y el para qué de la experiencia podemos aceptar su importancia a medio plazo y superar el malestar a corto plazo.

Es muy importante el cariz de aprendizaje como elemento constitutivo de las experiencias significativas en la empresa. Dotar de experiencias razonadas y discutidas a los empleados posibilita dar una mayor oportunidad de desarrollo de capacidades al empleado. No se trata solo de tener una experiencia, sino de reflexionar sobre su aplicabilidad posterior y el proceso de transferencia de aprendizaje al porfolio de capacidades de cada persona.

- **Involucración proactiva en la experiencia.** El concepto experiencia de empleado necesita de la participación indudable de los propios empleados. No se trata de recibir un curso de formación, sino de vivir y transformar lo aprendido en una experiencia de aprendizaje. Vivir más la experiencia no consiste en asistir como espectador, sino en participar como actor.

El modelo de experiencia de empleado asume el principio de que cada persona es el autor de su rol profesional y, por tanto, es partícipe en su justa medida del bienestar que se desprenda de la experiencia vivida. No sirve mantener separadas la experiencia del trabajo de la experiencia vital, en este modelo se reivindica la conciliación unívoca del ser humano. No existe la persona independientemente del profesional. Esta involucración proactiva supone un cambio de paradigma donde el verdadero director de Recursos Humanos es cualquier jefe que tenga a su cargo empleados y el verdadero propietario de los protocolos de actuación de recursos humanos es el propio empleado. Pasar de una visión reactiva de gestionar las problemáticas de las personas a una visión proactiva, donde se involucra desde el inicio al empleado en las decisiones de una experiencia en la empresa, supone un cambio radical de entender la función como un servicio centrado en el bienestar más que en las obligaciones.

Gráfico 3.8 Diferencias entre un modelo clásico y el modelo de experiencia de empleado

Modelo recursos humanos	Modelo experiencia empleado
• Recursos que son humanos • Visión de contrato (tú me das y yo te doy) • Dedicación • Foco en la presencia • Tiempo de trabajo • Lo importante es la estrategia • Buscar condiciones laborales	• Humanos con recurso • Visión de aportación (que me aportas para que yo te aporte) • Experiencia • Foco en los resultados • Productividad • Lo importante es el propósito y la cultura de la empresa • Buscar bienestar personal y profesional

En el siglo XXI, los futuros profesionales solo pueden buscar tener experiencias que posibilitan la disposición de sus capacidades (talento) en una determinada empresa, pero para obtener el mayor nivel de bienestar en esta y, por tanto, implique una mayor productividad sostenible de dicha empresa un mayor nivel de compromiso.

Este modelo de experiencia de empleado se puede conceptualizar con el famoso paradigma *customer journey* de experiencia cliente, pero suele caerse en una metáfora totalmente inadecuada. Durante mucho tiempo hemos intentado conceptualizar al empleado como un cliente, el famoso cliente interno, pero un empleado nunca será un cliente. Las empresas no deben vender nada a su núcleo fundamental. Esta visión reduccionista del empleado como un cliente propone considerar al empleado solo por su contraprestación en la empresa y no por su bienestar, sino por los intereses que sacamos en dicha contraprestación. Este debate es arduo y no vamos a entrar aquí en su análisis, pero creemos que la utilización del término de experiencia de empleado no debe ser tratado como una experiencia cliente. El cliente es el rey, pero sin los empleados no existirían los clientes.

Con esta concepción radicalmente humanista se debe afrontar los modelos de recursos humanos del siglo XXI en las firmas profesionales. Donde el bienestar de los empleados es básico para que su experiencia en la empresa sea muy positiva y puede involucrarse con su propósito obteniendo su máxima productividad sostenible. Hemos de destacar cuatro momentos de la experiencia de empleado que se puede definir con cuatro infinitivos.

- Atraer (adquirir).

- Gestionar (mantener).

- Asesorar (diversidad).

- Desarrollar (crecer).

Con el acrónimo AGAD (atraer, gestionar, asesorar y desarrollar) se resume toda la actividad de un departamento de Recursos Humanos en una firma profesional actual. Y se refiere a cuatro tipos de acciones diferentes.

- **Atraer.** Se trata de conseguir atraer y adquirir personas cuyo nivel de talento y compromiso estén alineados con el propósito de la firma. Este proceso tiene tres fases mágicas y, cada una, herramientas diferentes.

- Atraer. Crear candidatos. Necesita herramientas de marketing digital, de comunicación, *storytelling* y, ante todo, capacidad de buscar (*hunting*).
- Evaluar competencias. Seleccionar candidatos. Necesita herramientas de evaluación técnica y competencial, y cada vez más importantes, técnicas de evaluación psicológica.
- Integrar. Pasar de candidatos a empleados. Necesita herramientas de formación, comunicación y, sobre todo, herramientas de desarrollo para tener tareas compartidas.

- Gestionar. Durante toda la experiencia del empleado en la empresa, desde cuando ya lo es hasta cuando deja de serlo, tenemos multitud de situaciones de gestión de condiciones y experiencias específicas. Nuestra habilidad consiste en saber actuar siguiendo la cultura y valores de la compañía y dando una respuesta rápida y eficaz a las problemáticas normales del día a día y sobre las decisiones de las personas en la empresa.

Esta gestión puede nuclearse en nueve procesos:

- Organizar. Estructurar el trabajo con sus cambios necesarios en el tiempo. Se ayuda de herramientas económicas y de negocio para diseñar estructuras de trabajo sin olvidar variables humanas.
- Flexibilizar. Adecuar los tiempos y presencias con herramientas económicas y legales de negocio para diseñar modelos de trabajos.
- Evaluar el desempeño. Apreciar los resultados y estructurar momentos de *feedback*, a través de herramientas económicas y psicológicas para apreciar el desempeño y posibilitar el *feedback* necesario para que se produzcan procesos de aprendizaje.
- Compensar. Dimensionar y establecer las compensaciones por el trabajo, apoyándose con herramientas económicas y legales para diseñar una estructura compensatoria adecuada, contemplando también facetas psicológicas del valor de la retribución.
- Promocionar. Elaborar itinerarios de desarrollo de las personas, usando herramientas psicológicas y económicas que

posibilite idear itinerarios que permitan desarrollar mayores capacidades según la evolución de las personas.

- Comunicar. Focalizar mensajes adecuados a los empleados con herramientas psicológicas y de marketing para poder llegar a tener información de cada persona en cada momento.
- Reconocer. Establecer modelos de compensación emocional con herramientas psicológicas para conseguir compensación emocional a las personas y se puedan sentir más comprometidos con la cultura y los valores de la empresa.
- Apreciar. Analizar las percepciones de las personas sobre su bienestar utilizando herramientas psicológicas y sociológicas (*big data*) para identificar áreas, procesos y sistemas que están generando malestar en los empleados.
- Desvincular. Saber finalizar experiencias de empleado con herramientas legales, económicas y psicológicas para conseguir interrumpirla.

La gestión de las personas en el trabajo diario es lo que más incide en nuestro bienestar. Es en estos procesos que invaden la dinámica diaria de las personas donde se establece la percepción de bienestar. Por eso, son tan importantes los modelos de relaciones laborales, en los que se establecen los criterios generales de condiciones, se marca una gestión de mínimos y garantizan más normas comunes a todas las personas.

De los tres grandes conocimientos necesarios para gestionar personas hay que utilizar diferentes grados en las cuatro grandes áreas del modelo AGAD.

Tabla 3.2 Tipo de conocimiento en las áreas del modelo AGAD

	Conocimiento económico	Conocimiento legal	Conocimiento psicosocial
Atraer	+	+	+++
Gestionar	+++	+++	+
Asesorar	+	+++	++
Desarrollar	+	+	+++

Queda claro que una gestión integral e integrada de recursos humanos debe contemplar esta triple visión y cualquier temática de gestión de personas debe analizarse desde estos tres conocimientos.

Por ejemplo:

Despido

¿Qué implica?

Impacto LEGAL
Impacto ECONÓMICO
Impacto PSICOSOCIAL

→ Figuras legales
→ Costes asociados
→ Salidas inadecuadas de las personas e impacto en el grupo de empleados que se quedan

- **Asesorar.** Durante la experiencia del empleado suele darse situaciones en las que la persona necesita el asesoramiento y apoyo de la organización. Bien sea por diferencias por la diversidad de las personas o por circunstancias exógenas o endógenas que generan dilemas de actuación. Este proceso de asesoramiento es una de las diferencias básicas de otros modelos históricos de gestión de personas. La creación del servicio de atención al empleado y el establecimiento de planes de igualdad y diversidad posibilita un ecosistema atractivo para las personas:
  - Igualdad. El tratamiento del género con igualdad atrae culturalmente a trabajar en una organización.
  - Diversidad. La diferenciación de cada colectivo de la empresa que puede ser atendido diferencialmente atrae que las personas de esos colectivos se quieran comprometer con el propósito de la empresa.
  - Inclusividad. La igualdad de oportunidades y la diferenciación por su diversidad se complementan con una visión de inclusividad en su cultura, donde todos los empleados aporten según su diversidad.
  - Atención al empleado. La individualización de cada experiencia implica un servicio de atención focalizada en cada empleado; con este modelo, la organización ofrece servicios a disposición de las personas que los necesite dentro de la misma.

- **Desarrollar.** La experiencia de empleado requiere pensar en que las personas tienen la necesidad de crecer y de plantear un panorama de progreso acompasado con el desarrollo empresarial, profesional y personal. El vector del desarrollo es básico para que las personas se comprometan y genera bienestar, poder progresar en la empresa es una variable fundamental del nivel de compromiso del empleado. Aquí hay seis áreas de desarrollo.

- Gestionar proyectos. En las firmas profesionales, el proyecto es episódico, pero de enorme transcendencia empresarial y suele ser uno de los retos que más posibilita el desarrollo de los empleados con resultados plausibles.
- Formar. Condición necesaria para el desarrollo de las personas, los procesos de *upskilling* (saltos cualitativos competenciales) y de *reskilling* (cambios cualitativos competenciales) son ingredientes de la fórmula de atracción en un ecosistema empresarial competitivo.
- Desarrollar el liderazgo. La formación en habilidades de gestión de personas y la posibilidad de desempeñar labores de liderazgo es el encaje mágico del desarrollo de liderazgo. Esta formación/acción es uno de los pilares básico del bienestar, porque los líderes orientados a las personas y que a su vez sean desarrolladores de su equipo generan un ecosistema propio para el compromiso. Aquí se inscribe el concepto de líder *sherpa* (líder que desarrolla líderes).
- *Mentoring y coaching*. La disponibilidad de mentores (ejemplos reales) y de *coach* (asesores de carrera) para los empleados posibilita una individualización del desarrollo pudiendo tener una resolución única para cada situación personal o profesional de cada empleado.
- Salud laboral. La preocupación empresarial para la salud de los empleados es una variable fundamental del compromiso. Entendiendo salud como un concepto amplio (físico y mental) y atendiendo a las personas desde su problemática personal y no solo desde las necesidades de las empresas.
- Acción social. La preocupación por la sociedad y el ámbito de la acción social generan una identidad con la empresa por su sensibilidad social. Las personas necesitan empresas que sientan su responsabilidad social como un eje explicativo de su acción institucional. Las empresas surgen de la sociedad, se nutren de ella, por tanto, debemos apoyar a la sociedad como parte de sus fines en un discurso global como empresa.

Resumen del modelo AGAD

ATRAER
(3 áreas)

Atraer	Evaluar Competencias	Integrar
Employer branding Reclutamiento	Selección	*Onboarding* y acogida

GESTIONAR
(9 áreas)

Organizar	Flexibilizar	Evaluar desempeño	Compensación	Promoción
Estructuras y procesos	Tiempos y presencia	Resultados y competencias	Retribución y modalidades	Itinerarios de desarrollo

Comunicar	Reconocer	Apreciar	Desvinculación
Comunicación interna	Comprensión emocional	Clima Laboral	*Offboarding* y despido

ASESORAR
(4 áreas)

Igualdad	Diversidad	Inclusividad	Atención al empleado
Género	Generacional cultural cognitiva	*Cultura inclusiva*	Servicios empresariales para el empleado

DESARROLLAR
(6 áreas)

Gestión de proyectos	Formación	Desarrollo liderazgo	*Mentoring y coaching*
Retos de desarrollo	*Upskilling/ Reskilling*	Habilidad de liderazgo	Mentores y *coaches*

Salud Laboral	Acción Social
Salud física y mental	Responsabilidad social

Con este modelo AGAD recogemos las practicas que poner en funcionamiento para tener una visión 360º de la gestión de las personas, basándose en el compromiso que obtenemos por mirar por el bienestar y que nos permite obtener una productividad sostenible. Estas 22 áreas determinan los diferentes focos que un modelo actual de la gestión de personas, que según el paradigma de experiencia de empleado, deben cuidarse para obtener el máximo compromiso empresarial. Y esta estructuración diverge de los modelos clásicos de relaciones laborales, administraciones de recursos humanos y desarrollo de recursos humanos en los que se sacrifica la atención al empleado por el conocimiento de las personas y que daba menor valor al servicio al empleado y se centraba más en la necesidad del empleado.

Atraer a las personas por sus capacidades y compromiso con el proyecto de la empresa, gestionar a estas personas desde su experiencia diaria con unas condiciones, asesorarlas para sentirse parte de un proyecto y apoyar su desarrollo para que puedan asumir un mayor nivel de compromiso con la empresa son las propuestas de gestión de personas de enorme valor por los profesionales del siglo XXI que quieren compromiso empresarial desde el bienestar de las personas.

Para este modelo de ciclo de vida de experiencia de empleado necesitamos profesionales en el área de gestión de personas que tengan claras las siguientes características:

- **Nivel de compromiso.** El área debe ser un adalid de compromiso con la empresa y es precisamente el Área de Gestión de Personas donde debe ser ejemplo de compromiso.

- **Bienestar como fin.** Los profesionales de esta área deben asumir que el bienestar de los empleados, dentro de las posibilidades empresariales, es su meta profesional, ya que, por ello, conseguiríamos productividad.

- **Triple visión.** Gestionar personas no requiere solo del conocimiento experto (económico, legal y psicosocial), sino encarar todas las situaciones de los empleados con esta triple visión. No hay una problemática humana en la empresa que no tenga una respuesta poliédrica teniendo en cuenta esta triple perspectiva.

- **Visión integral del negocio.** No podemos establecer acciones de gestión de personas fuera de una visión empresarial. Las personas se gestionan desde una realidad que es la obtención de la productividad sostenible de los empleados para conseguir el crecimiento y competitividad empresarial.

- **Visión integrada de todas las áreas.** Cada una de estas 22 áreas debe considerarse como parte de un todo, en lugar de centrarse y dar más importancia a una sobre las otras. Todas son importantes dependiendo del momento histórico y del desarrollo del negocio, pero no se puede abordar una realidad compleja como la gestión de personas desde una visión unidimensional dando solo relevancia a una determinada área.

- **Ética como norma.** La ética de los negocios debe ser, ante todo, la ética en el negocio y, por tanto, la dimensión ética de cualquier decisión en personas se constituye en su eje vertebrador.

Asumir el compromiso del bienestar de los empleados con una visión holística (económica, legal y psicosocial) de la experiencia de empleado, que debe ser un estandarte del negocio e integrar en cualquier solución diversas áreas, eso sí, nunca sin una respuesta ética como primera derivada en la gestión de la experiencia humana en la organización.

Como decía Jim Cathcart, un emprendedor americano en un antiguo libro de 1998: «Conviértete en la persona que atraiga los resultados que buscas». La gestión de personas no debe olvidarse de los resultados, pero para ello necesita del crecimiento de las personas a través del compromiso y el bienestar. ¿Cuándo fue la última vez que te preguntaste en qué persona te estás convirtiendo? ¿Estás preparado para aprovechas las oportunidades que te brinde el azar? ¿Se puede plantear una firma profesional del siglo XXI no poner ningún foco en la experiencia de empleado? Este tipo de preguntas son las básicas para mejorar el compromiso empleado-empresa y si no sabemos contestarlas, no esperemos que la inteligencia artificial nos las resuelva.

4

EL PERFIL DE ÉXITO DE LOS PROFESIONALES EN UNA FIRMA

1. Habilidades más demandadas por las empresas

Antes de analizar las competencias que, en la actualidad, requiere el mercado, los clientes y las firmas para trabajar en el sector de servicios profesionales, comentaremos cómo ha cambiado el tipo de habilidades principales que se demanda para trabajar en empresas en general.

El informe del World Economic Forum, *Future of Jobs Report 2020*, concluye que las diez habilidades principales requeridas han evolucionado tal y como se muestra en el gráfico 4.1.

Como se puede observar, el pensamiento crítico y la creatividad adquieren mayor protagonismo, y la solución a problemas complejos, así como la gestión de personas continúa siendo algunas de las habilidades esenciales.

Entre las más relevantes, surgen como novedad la inteligencia emocional y la flexibilidad cognitiva.

Gráfico 4.1 Las 10 habilidades principales

2020	2015
1. Solución a problemas complejos	1. Solución a problemas complejos
2. Pensamiento crítico	2. Trabajo en equipo
3. Creatividad	3. Gestión de Personas
4. Gestión de personas	4. Pensamiento crítico
5. Trabajo en equipo	5. Capacidad de negociación
6. Inteligencia emocional **Nuevo**	6. Control de calidad
7. Criterio y Toma de decisiones	7. Orientación al Servicio
8. Orientación al servicio	8. Criterio y Toma de decisiones
9. Capacidad de negociación	9. Capacidad de escuchar
10. Flexibilidad cognitiva **Nuevo**	10. Creatividad

Fuente: *Future of Jobs Report 2020*

El informe referido vaticina también cómo van a evolucionar estas habilidades y concluye que en 2025 serán las siguientes:

Gráfico 4.2 Las 10 habilidades más demandadas en 2025

Pensamiento analítico e innovación

Aprendizaje activo y estrategias de aprendizaje

Resolución de problemas complejos

Pensamiento crítico y análisis

Creatividad, originalidad e iniciativa

Liderazgo e influencia social

Uso, seguimiento y control de la tecnología

Diseño y programación de tecnología

Resiliencia, tolerancia al estrés y flexibilidad

Razonamiento, resolución de problemas e ideación

TIPOS DE HABILIDAD:
- Resolución de problemas
- Autogestión
- Trabajando con gente
- Uso y desarrollo de tecnología

Fuente: *Future of Jobs Report 2020*

Para tener éxito profesional y ser feliz en el trabajo (aspectos que normalmente deberían ir de la mano) es necesario no solo analizar si se poseen las competencias o habilidades demandadas por el mercado, sino tener en cuenta también la vocación personal, es decir, aquello que de verdad te apasiona y lo que la sociedad requiere.

El gráfico muestra cómo se conjugan todas estas palancas:

Gráfico 4.3 Mapa para el éxito profesional

Fuente: Ikigai adaptado a los servicios profesionales.

2. Competencias profesionales

La etimología nos dice que el término *profesión* proviene del vocablo latino *professio* (*-ōnis*), cuyo significado es 'la acción y el efecto de profesar'. Por lo tanto, podemos encontrar en su origen remoto una referencia a lo religioso, a una vocación o misión concreta en la vida. Así, el *Diccionario de la Lengua Española de la Real Academia* define profesión como: «Empleo, facultad u oficio que alguien ejerce y por el que percibe una retribución».

El concepto de profesión ha evolucionado en función de cada momento histórico. En sus orígenes, los únicos profesionales reconocidos como tales eran los sacerdotes, los médicos y los abogados, más tarde se incorporaron a este selecto grupo los marinos y los militares.

El sentido con el que utilizamos hoy en día la palabra *profesión* surge en la Revolución Industrial del siglo XIX. Por todos es sabido que uno de los grandes avances de aquel momento de transformación social, en Inglaterra y Estados Unidos, fue la llegada de la división del trabajo. A partir de ese momento empezaron a conformarse las diversas profesiones tal y como las conocemos en la actualidad, la organización interna de los diversos especialistas estructura su capacitación mediante instituciones que certifican su formación y experiencia, así es como las universidades comenzaron a tener un papel muy importante en la formación de profesionales.

Aunque es cierto que la línea que separa la profesión de la ocupación en un trabajo no está del todo definida, es posible identificar una serie de notas características presentes en toda actividad profesional. Entre ellas cabe destacar: el requisito de un conocimiento especializado, la necesidad de formación permanente, el control y la organización propia del trabajo, cierta autorregulación, espíritu de servicio a la sociedad o la existencia de normas deontológicas y éticas propias.

En general, todo aquel que desee iniciarse en una profesión debe aceptar previamente que afrontará tres cuestiones fundamentales:

- Un gran esfuerzo y dedicación para adquirir los conocimientos necesarios para emprender la actividad profesional, así como la necesidad de mantener un alto grado de formación continua a lo largo de toda su vida laboral.

- Asumir importantes responsabilidades que además de ser éticas y deontológicas, deben ser legales, tanto en su vertiente administrativa, como civil o mercantil y, en su caso, penal.

- Enfrentarse a los relevantes riesgos económicos y personales que suelen estar ligados a toda actividad profesional.

Además, todo buen profesional debe contar con una serie de cualidades, capacidades y valores que le permitan actuar dentro de sus funciones, entre las que se encuentran: iniciativa, motivación, tenacidad, capacidad de planificación y organización, disposición para la toma de decisiones, aceptación de la incertidumbre, integridad y honradez.

Por otra parte, el ejercicio profesional exige disponer de la capacidad para establecer objetivos propios y los caminos necesarios para alcanzarlos; desarrollar la autonomía e independencia; impulsar la creatividad y la innovación; potenciar las relaciones personales, etc. En definitiva, este ejercicio representa una adecuada vía para el desarrollo personal, cuestión íntimamente relacionada con la satisfacción en el trabajo.

El compendio de valores, conocimientos y experiencias que atesora todo buen profesional es lo que se conoce como su «sabiduría». Además de las capacidades técnicas, intelectuales y humanas referidas; la formación, el aprendizaje continuo y, sobre todo, sus años de ejercicio, son cualidades especialmente consideradas a la hora de ponerse en manos de un profesional.

A lo largo de estas páginas nos referiremos al aspecto fundamental de la relación entre cliente y profesional: «lo que vendemos fundamentalmente los profesionales es confianza». Si alguien decide contratar los servicios de un médico, un ingeniero, un abogado, un asesor, un auditor o cualquier otro profesional, es porque estos se han ganado su confianza. Confianza en su competencia técnica, en su bagaje de experiencias en casos similares, en su ética (independencia, responsabilidad, secreto profesional, etc.) y en su proximidad y disponibilidad.

Dentro de esta sabiduría es también imprescindible disponer de la capacidad de generar tranquilidad y seguridad. El profesional, además de «ser», debe «parecer», por lo que también necesita cualidades como la comunicación, saber explicar a un profano (de manera que este lo entienda) el trabajo que va a realizar, transmitir empatía, que el posible cliente se sienta confortable con aquel al que tiene que expresar (y, en ocasiones, confesar) un problema que para él, en ese momento, es muy importante.

Si existe un sector en el que los profesionales juegan un papel fundamental, es sin duda el de los servicios. El sector servicio exige una serie de características que condicionan la actividad de los que se dedican a ello.

En primer lugar, su intangibilidad. Los servicios, a diferencia de los productos, no se pueden percibir con los sentidos, por lo que su evaluación quedará supeditada a la valoración de aspectos inmateriales —pero de extraordinaria importancia—, directamente relacionados con lo que se conoce como «satisfacción del cliente».

Otra particularidad es su falta de homogeneidad y estandarización y, por lo tanto, su dificultad en cuanto a la comparabilidad provoca que su valoración sea muy subjetiva.

Por otra parte, aunque detrás del prestador de un servicio haya una marca, su realización siempre recae en una persona, que será la cara de la organización. La percepción final del cliente se verá muy condicionada por la evaluación que realice de su interlocutor.

Además, cuando alguien busca el concurso de un experto, necesita percibir que la dedicación a su caso es total, que el profesional ha hecho suyo su problema. El cliente ha de sentirse único, lo que hace aún más compleja su gestión.

Ahora que conocemos las características y el entorno en el que se desarrolla la labor de un profesional, podemos realizar un análisis de sus competencias, entendidas estas como el conjunto integrado de habilidades, conocimientos y aptitudes necesarias para el desempeño de una actividad profesional.

Por tanto, cabe distinguir dos tipos básicos de competencias profesionales:

- **De conocimiento (*hard skills*).** Son las competencias específicas de la actividad que se va a desarrollar. Se adquieren a través de la formación y con la experiencia.

- **Transversales o genéricas (*soft skills*).** Son las necesarias para el desempeño de cualquiera actividad profesional.

3. Competencias genéricas: concepto y tipos

Mientras que las competencias de conocimiento son las propias de cada profesión y, por tanto, su detalle excede del contenido de esta obra, las genéricas, que son comunes a cualquier actividad profesional requieren un análisis más profundo.

Las competencias genéricas o transversales, también llamadas *soft skills*, constituyen un conjunto de habilidades, destrezas y capacidades para el desempeño de cualquier trabajo o actividad. En función del tipo de habilidades o capacidades, se han distinguido tres categorías de competencias genéricas:

- **Instrumentales**. Son las habilidades cognitivas, capacidades metodológicas y destrezas tecnológicas y lingüísticas:
  - Capacidad de análisis.
  - Capacidad de organización y planificación.
  - Comunicación oral y escrita.
  - Conocimientos de otras lenguas.
  - Conocimientos de informática.
  - Toma de decisiones.
  - Resolución de problemas.

- **Interpersonales**. Destrezas sociales y capacidades de cada individuo:
  - Trabajar en equipo.
  - Relaciones interpersonales.
  - Empatía.
  - Inteligencia emocional.
  - Capacidad de negociación.
  - Capacidad para la crítica y la autocrítica.
  - Compromiso ético.

- **Sistémicas**. Habilidades relativas a la comprensión de sistemas complejos:
  - Creatividad.
  - Liderazgo.
  - Capacidad de trabajar de forma autónoma.
  - Espíritu emprendedor.
  - Resiliencia.
  - Gestión del tiempo.
  - Pensamiento estratégico.
  - Orientación al logro.

Gráfico 4.4 Tipos de competencias genéricas

Competencias genéricas propias de las firmas profesionales

Las competencias genéricas se han transformado en un elemento esencial para los profesionales de firmas de servicios. Podríamos clasificar estas competencias transversales o *soft skills* en las siguientes categorías:

Competencias relacionadas con el equipo

- Trabajo en equipo. El mundo actual de los negocios se hace más complejo día tras día, por ello ya no es posible que los profesionales actúen de forma individual. Se requiere la participación de equipos de trabajo que actúen de forma coordinada. Las tareas se desarrollan de forma más eficiente, las debilidades de unos se compensan con las fortalezas de otros, se favorece el aprendizaje mutuo, etc.

- Capacidad para delegar. Confiar en tu equipo para ser más eficientes y para permitirles que se desarrollen profesionalmente.

- Liderazgo. Tener *autoritas*, que es diferente a *potestas*. Lograr que tus equipos quieran hacer lo que tienen que hacer. Siempre con las cuatro h del liderazgo: humanidad, humildad, honestidad y sentido de humor.

- Desarrollo de personas. Capacidad de formar a los equipos, tanto en conocimientos técnicos, como en habilidades y cultura de firma.

- Generosidad. En muchas ocasiones, en las firmas profesionales existen comportamientos tóxicos relacionados con una competitividad mal entendida. Sin embargo, por el bien de la firma, la generosidad, el compañerismo y el buen clima laboral generan siempre retornos positivos, tanto para el equipo, como para los clientes.

Competencias relacionadas con el servicio

- Calidad. A los servicios profesionales el mercado les exige alta calidad, para lo cual es necesario formación técnica y experiencia.

- Orientación al logro. Buscar la excelencia, plantearse retos, perseguir resultados concretos y ser eficientes.

- Orientación al servicio del cliente. Descubrir y comprender sus necesidades para ser útil y generar valor añadido.

- Confidencialidad. Los profesionales de las firmas manejan información muy sensible de sus clientes, tanto económica, como estratégica o de negocio, por ello, el secreto profesional debe estar totalmente interiorizado en todos los equipos.

- Escucha activa. El profesional debe estar atento a las necesidades del cliente, a los movimientos del mercado y de la competencia, y a las demandas del resto de profesionales de la firma.

- Visión global. La capacidad de analizar los problemas en su conjunto, para medir pros y contras de cada situación.

Competencias relacionadas con la firma y la sociedad

- Compromiso con la organización. Alinear tus prioridades con la cultura, valores y objetivos de la firma.

- Visión comercial. Las firmas viven de los clientes, ellos son la gasolina necesaria para que el motor no se pare. Los clientes vienen de la mano de la acción comercial de los profesionales.

- Compromiso con la sociedad. Es importante apostar por el propósito y por aportar su trabajo para mejorar la sociedad.

Competencias personales de comportamiento

- Flexibilidad. Capacidad de adaptación a las diferentes situaciones que puedan presentarse y a los interlocutores internos y externos del ámbito laboral.

- Inteligencia emocional. Es necesario saber percibir, expresar, comprender y gestionar tus emociones para poder relacionarte con clientes y equipo.

- Autocontrol. Permite a los profesionales mantener su desempeño en situaciones adversas o de gran presión.

- Empatía. Esta facultad es fundamental para lograr mantener un equipo cohesionado, así como para generar confianza en los clientes.

- Iniciativa y proactividad. La capacidad de plantear alternativas, de buscar soluciones, de estar atento a cualquier área de mejora.

- Creatividad. Concebir ideas, proyectos, procesos y nuevos servicios.

- Positividad. Es importante saber analizar de manera constructiva cualquier situación que se presente, siempre con el objetivo de progresar y confiar en su resolución.

- Objetividad. Lo que implica tener rigor a la hora de plantear opiniones, evitar los juicios de valor.

- Resiliencia. Capacidad de levantarse tras una caída, de aceptar los reveses y no rendirse. Tenacidad.

- Ética profesional. Cualquier actuación de los integrantes de una firma debe estar presidida por una ética intachable.

Competencias personales de capacidad

- Comunicación verbal y escrita. En relación con la capacidad de emitir opiniones, reflexiones o estados de ánimo al equipo y a los clientes.

- Gestión del tiempo. Es fundamental para ser eficiente. Priorizar tareas, distinguir lo urgente de lo importante, evitar «ladrones de tiempo», ser ordenados y disciplinados.

- Aprendizaje de errores. Capacidad para admitir y aprender de los errores con el fin de mejorar en tu desarrollo profesional.

- Habilidades digitales. La tecnología ha invadido todas las actividades humanas. Para las firmas, las herramientas tecnológicas son instrumentos esenciales de gestión y prestación de servicios y, por tanto, todo profesional debe estar al día del estado de la tecnología.

- Lenguas extranjeras. El inglés es el lenguaje internacional en el mundo de los negocios. Todo profesional de una firma debe tener, al menos, un nivel suficiente para poder trabajar en inglés. Además, el dominio de otras lenguas será un plus añadido a las competencias profesionales.

- Capacidad de negociación. La mayoría de las situaciones laborales precisan realizar acuerdos, tanto con los clientes, como con el equipo o con el resto de los grupos de interés, lo que exige tener la capacidad de negociar esos acuerdos.

- Planificación y organización. Ordenar el trabajo, planificar recursos y tiempos para el logro de los objetivos.

Gráfico 4.5 Competencias genéricas en firmas profesionales

5
ATRACCIÓN DE TALENTO

1. Nuevos modelos de selección de personas

La experiencia de empleado no empieza cuando uno lo es, paradoja que genera uno de los principales retos de la gestión de personas en una firma profesional. La imagen, el conocimiento del mercado de trabajo y las técnicas evaluativas del talento son ingredientes de una buena experiencia de empleado posterior, por lo que no podemos quedarnos en un paradigma trasnochado de selección donde solamente poníamos el foco en el ajuste persona-puesto. No se trata de encontrar un encaje sino de generar una oportunidad de enriquecimiento profesional mutua: para la persona y para la empresa.

En épocas pretéritas toda política de incorporación de personal cualificado a una firma profesional se basaba en un modelo de selección. La empresa era la única dueña de la decisión de incorporar a las personas a la organización; por consiguiente, existía una relación asimétrica en la que el poder de contratación determinaba la elección. Sin embargo, esta asimetría se está equilibrando cada vez más debido a la escasez de talento comprometido. Y no podemos pasar radicalmente al otro extremo, donde la asimetría está en el lado del profesional, porque entonces generaremos mercados de trabajo chantajeados por la escasez de talento.

Así, en los modelos de experiencia de empleado hemos evolucionado de un modelo de selección a otro de elección mutua, cuyas características recogemos en la siguiente tabla.

Tabla 5.1 Características del modelo de selección frente al modelo de elección mutua

Modelo de selección	Modelo de elección mutua
Selecciona la empresa	Elige la empresa y el candidato
Modelo de contrato	Modelo de la aportación
Solo propósito de empresa	Compartir propósito de empresa y del candidato
Atraer por condiciones	Atraer por compromiso
Foco en la compensación	Foco en el bienestar

En este tránsito, el compromiso y el bienestar emergen como valores para un buen encaje persona-empresa. Con este cambio, propio de las nuevas generaciones que buscan el compromiso por el bienestar, la flexibilidad, la autonomía, la conciliación y el crecimiento personal, son estas las cartas que se juegan en el momento de la elección. No podemos inventar un modelo de captación basado solamente en la oferta y la demanda del empleo y en una fría descripción del puesto de trabajo que determine la bondad de la elección.

La selección, ahora convertida en un proceso de elección mutua, requiere nuevas habilidades y herramientas para atraer el talento más allá de una oferta de trabajo cuantiosa (o no tanto). Resulta fundamental reconocer que, si la oferta se centra únicamente en condiciones, la salida también será por lo mismo.

En este contexto, es crucial adoptar un modelo de contrato psicológico que complemente el contrato legal. Todos hemos oído hablar de él, pero hoy es más importante que nunca. No hay que intentar que el contrato legal explique la relación, sino que la relación determine el contrato. Esta visión más extensa de la consideración legal implica que los procesos de elección mutua se basen en la aportación de las partes; de este modo, no es lo que se diga en un contrato, sino lo que puede aportar la otra parte en el desarrollo empresarial (en el caso de la empresa) o en el desarrollo profesional o personal (en el caso del candidato). Una selección no se ajusta en un contrato, sino que una elección empieza en él; no se trata de tener el talento ubicado en un puesto, sino más bien de disponer de un talento que se quiere comprometer con una cultura y estrategia de una empresa.

Por otra parte, en una elección hemos de tener en cuenta el propósito de la otra parte que vamos a elegir como compañera de futuro. No solo el candidato tiene que saber el propósito de la organización (básico a la hora de crear un ecosistema de atracción válido), sino que también esta debe saber el propósito del candidato en su vida. Y cuando hablamos de *propósito* no nos referimos únicamente a criterios de negocio. El propósito de la empresa ha de incluir su apuesta social, su visión de la sostenibilidad y su modelo de gobernanza (modelo ESG), mientras que el propósito de los candidatos tiene que ser personal y profesional. El origen del compromiso basado en el bienestar consiste en la alineación de estos propósitos.

Aquí está la palabra mágica en la selección: *compromiso*. Sin duda, debe haber un sistema garantista de las capacidades o de los talentos de las personas, pero como condición necesaria, no suficiente, porque generar talento sin estar comprometidos con una empresa es una apuesta de riesgo y una inversión cortoplacista. Todo proceso de compromiso necesita:

- Honestidad en el planteamiento.
- Honradez en los límites del compromiso.
- Confianza inicial (ya habrá tiempo para la desconfianza).
- Sinceridad en las capacidades.
- Modestia en las expectativas.

Estas cinco características de cualquier compromiso con visión de futuro deben asumirse como principios y no como estrategia de reclutamiento. No se han de generar expectativas irreales, hay que evitar engrandecer los puntos fuertes de la empresa, dar confianza para empezar a saber los límites que tiene cualquier compromiso y mostrar un planteamiento honesto de lo que es y no es la compañía. Esta es la cultura de la elección mutua en un modelo de experiencia de empleado.

Pero este compromiso tiene que englobarse en una filosofía de bienestar. No se produce compromiso con sudor y lágrimas, sino con una apuesta de la empresa y del candidato en mejorar el bienestar tanto de esta como de las personas. Inscribir el compromiso en el bienestar mutuo es la forma del éxito en un futuro cercano y lejano de la compañía. Si el compromiso permite el bienestar de los empleados, estos determinarán una productividad sostenible, que se traducirá en el crecimiento y la competitividad empresarial.

La atracción del talento implica evitar la visión de selección tradicional y creer en la elección mutua como garante de unas nuevas reglas del juego donde el compromiso constituye la llave del éxito de la incorporación de las personas a las organizaciones.

A continuación, vamos a analizar las tres áreas de experiencia de empleado que hay que trabajar en la atención del talento:

- Atraer a las personas:
  - *Employer branding.* Imagen como empleador.
  - Reclutamiento.

- Evaluar competencias:
  - Selección o elección mutua.

- Integrar a las personas:
  - *Onboarding.*
  - Acogida.

2. *Employer branding*

Durante mucho tiempo hemos vivido en una visión «clientear» del empleado y, por ende, del candidato. En el proceso de *employer branding* en el modelo de experiencia de empleado, el candidato no es un cliente sino un elemento de la empresa. No se trata de vender nada, sino de que nos compren desde lo que verdaderamente somos. En este sentido, dejaremos a un lado la cantidad de experiencias de «seducción marketiniana» que se han convertido en el *employer branding* en muchas empresas. Vender expectativas inadecuadas, compromisos falsos, imágenes prefabricadas marketinianamente, conlleva decepciones a corto plazo y una imagen desorientada del talento a medio plazo.

La imagen de las empresas como empleadoras ha de basarse en la realidad, en el ejemplo y en la opinión ajena y no en lo que queremos ser; debemos tener coherencia entre lo que decimos y lo que hacemos y no basarnos solo en nuestra opinión (certera) de la realidad. No se trata de vender la empresa, sino de contar su propósito, pero no para captar el mejor talento, sino aquel que se puede comprometer desde su propósito como persona o profesional.

La imagen empresarial no puede quedarse únicamente en una marca porque no vendemos, sino que exponemos lo que somos para ser empleadores apetecibles para cualquier candidato con talento en nuestra área de actividad. Esta visión humana propia del área de gestión de personas dista mucho de la visión marketiniana del área de comunicación porque no se trata de que las personas crean que somos una buena empresa, sino de que quieran comprometerse con nosotros. No vendemos marca, ofrecemos compromiso.

El *employer branding* se inscribe fundamentalmente en la visión de los precandidatos sobre la compañía antes del propio reclutamiento; se trata de la imagen que se tiene de esta como un ecosistema saludable y apetecible para ser una futura empleadora, y debe tener las siguientes características:

- *Storytelling* **(historias de propósito).** Toda empresa debe saber contar su propósito no para venderse, sino para expresar en una narración concisa y clara «qué quiere ser de mayor». La brevedad y concreción del mensaje que ha de transmitir concede el marchamo de sencillez que permite dotar de prestigio el propósito como compañía. Esta expresión del propósito es el inicio de su capacidad como empresa empleadora, pues si la persona tiene que comprometerse desde su propósito personal, ha de conocer el verdadero propósito de la compañía. Pero esta expresión del propósito tiene que ser sincera y estar bien reflexionada para originar una identificación válida desde el inicio tanto de los propósitos de la empresa como de la persona.

- **Ejemplificación de la cultura y los valores.** Se refiere a difundir a través de conductas reales cómo se llevan a cabo estos principios y valores que emanan de la cultura. La ejemplaridad es básica a la hora de configurar una identificación del posible candidato con la forma de actuar que tiene la empresa. La cultura no se expresa con principios bien intencionados y grandes proclamas éticas, sino con la exposición de conductas realizadas por los directores y los empleados frente a situaciones y dilemas de la gestión diaria de las compañías.

- **Valoración de las respuestas éticas de los propios empleados y de otras personas cuya conducta responda a la visión ética expresada en los códigos éticos de la empresa.** Las conductas éticas no son solo las propias, sino que, independientemente de quien las ejerza debe tener un refuerzo por la empresa como imagen para los futuros empleados. El posicionamiento ético social es un verdadero valor para reconocer el sentir ético de una empresa.

- **Exposición de iniciativas sociales desde el punto de vista del empleado.** Es necesario evitar visiones comunicativas de venta de lo social (postureo). La acción social cercana (y que emerge de los propios empleados) es sentida por el futuro candidato como algo demostrativo de los valores y del propósito de la empresa y no como una campaña orquestada por la imagen social de esta.

- **Abanderamiento de conocimientos.** Consiste en posicionar a la compañía en temáticas y conocimientos relacionados con su negocio, cultura y estrategia y con un interés manifiesto de informarse, comunicar y aportar su grano de conocimiento en dicha materia. No se trata solo de informar, sino de aportar ideas sin miedo a ser copiado fundamentalmente. La generosidad de conocimiento se valora como ejemplo de valor cultural y supone una clave para identificar el talento querido con la empresa.

- **Esponsorización de actitudes.** La visión cultural y el propósito empresarial se demuestran a través del refuerzo de la imagen de la compañía mediante ejemplos en conducta de terceros; se trata de ilustrar con conductas reales de personajes con influencia social que representen los valores que defendemos. Apoyar actitudes y conductas ajenas refleja con ejemplos las conductas queridas en un determinado entorno empresarial.

Estas características de contenidos definen un verdadero esfuerzo de captar a profesionales como precandidatos para que, si en un futuro surge una necesidad de empleo, tengan la imagen de empleabilidad psicológica con esta empresa. Todos sabemos de compañías donde trabajaríamos y otras donde nunca lo haríamos. En este viaje de la experiencia de empleado esperamos reducir a los posibles empleados desde el realismo de lo que somos. La autenticidad en la gestión de personas es un valor, incluso cuando la realidad no sea igual a lo que hemos dicho. No generar expectativas falsas no implica no ilusionar desde los ejemplos concretos.

Este proceso de hacer apetecible una empresa para su propósito y sus valores tiene muchas variables, pero siempre funciona mejor teniendo en cuenta estas cuatro recomendaciones:

- No tener un único portavoz. La exposición individualista y siempre a través de una sola persona denota más una función que una verdadera comunicación honesta.

- Utilizar diferentes personas de distintas áreas de la compañía. Aporta más verosimilitud que si solo promulga los valores el área de gestión de perdonas de la empresa como visión oficial.

- Contar con portavoces distintos y diversos. Es decir, empleados y directores de la compañía con posiciones e intervenciones diversas que sinceramente desde su posición en la empresa cuenten su experiencia. Las experiencias de empleado se cuentan desde la propia experiencia de los empleados y no en tercera persona.

- Tener estilos distintos y no uniformados. La informalidad y la espontaneidad de comunicación con lenguajes y formas diferentes de las mismas ideas dan una visión fresca de la experiencia en la empresa.

Sin duda, hoy el campo de juego del *employer branding* se concentra en las redes sociales, especialmente en las más profesionales. En ellas cada persona actúa como portavoz cuando lleva detrás el nombre de una empresa, lo que puede convertirla mágicamente en una embajadora de empleabilidad. Sin embargo, puede significar un peligro aplicar el término *embajador de marca* a un empleado, pues nadie puede sentirse marca antes que persona. Debemos ver a una persona que trabaja en una compañía más como una embajadora de la experiencia de empleado de dicha compañía que como a una embajadora de una marca.

Por esta razón, los protocolos de comunicación encorsetados se notan por su falsedad. Es fundamental establecer criterios comunes de compromiso en lugar de dictar lo que una persona debe expresar. En vez de especificar lo que un empleado ha de decir, es más acertado definir los temas que un empleado, al utilizar la identificación de la empresa, no debería abordar. Resulta crucial regular los campos minados sin limitar la creatividad en la comunicación en las redes sociales. Además de estas, es muy importante la imagen de las acciones externas de cada empleado para generar una propicia imagen de empleabilidad. La participación en actividades formativas, asociaciones empresariales o sociales, ONG o actividades lúdicas es donde podemos dejar nuestra visión de la experiencia de empleado que se está viviendo por parte de la propia persona. Más vale que lo cuente quien la tiene y no que la venda la propia empresa.

Lo atractivo de un trabajo se hace desde la sinceridad de lo que somos, no desde la deseabilidad de lo que queremos ser. En este sentido, hay que olvidarse de los procesos comunicativos rápidos empresariales en la escuela de negocio y en la universidad que solo nos dan una visión de venta y no de atracción. La visión expositiva racional de lo que somos como empresa debe dejar paso a una comunicación emocional del propósito de esta. Lo vivido como empleado es más rico que una retahíla de objetivos políticamente correctos.

3. Reclutamiento

Un paso más para pasar de precandidato a candidato es el proceso de reclutamiento, donde se busca captar el interés de posibles candidatos que se ajusten a las necesidades específicas de talento de la empresa. *Reclutar* es un término de eminente resonancia militar y no precisamente amigable; por eso, es más propicio pensar en términos de identificar a personas con perfiles adecuados. La inteligencia artificial está destinada a profesionalizar estos procesos a través del *scoring* de perfiles profesionales, es decir, de la huella digital de los posibles candidatos. Este proceso no debería centrarse en la cantidad de candidatos, sino más bien en su calidad. Una vez que hemos asegurado su calidad, resulta esencial contar con opciones de elección. Una buena selección no puede hacerse sin variedad de candidatos.

Estos son los puntos que se deben tener en cuenta en un buen reclutamiento:

- **Desmitificación del puesto de trabajo.** El puesto de trabajo como descriptivo de la selección está sobrevalorado. Hace años se seleccionaba en la empresa estáticamente para ver el proceso de idoneidad de los currículos con el perfil del puesto. Esta visión estática de ajuste mecánico entre requerimientos y experiencia nos lleva a las elecciones por perfil, que seguramente harían mejor una IA que un humano. Pero el puesto es un referente especialmente de conocimiento y el límite en la elección del candidato es la adecuación técnica, que no constituye nunca el criterio único de selección.

- **Cultura y dinámica laboral.** La cultura y la dinámica diaria del trabajo como criterio de selección está infravalorada. Actualmente con los cambios de puestos, de estrategia y de organización es más lógico elegir por variables del ecosistema de trabajo más que por tareas. Estas son limitativas, pero la forma de trabajar es identificativa. Debemos descubrir las características sociales del trabajo más que una exhaustiva lista de tareas. No podemos olvidar que tener un referente organizativo descriptivo resulta adecuado, pero hemos de reclutar pensando en actitudes y en la motivación más que en el encaje de capacidades. Las competencias de las personas en su vertiente más actitudinal cada vez son más significativas en un reclutamiento apropiado.

- **Gamificación y valores culturales.** La gamificación del reclutamiento es una gran herramienta para discriminar masivamente en determinadas posiciones operativas, pero da una imagen pobre de los valores culturales de la empresa. Las generaciones más jóvenes (*millennials,* generación Z) son proclives a entender la gamificación como un proceso de elección, pero siempre debe pensarse más en clave de valores que de resolución de problemas en abstracto. ¿Dónde están los dilemas éticos que determinan la adecuación de la persona a una compañía en un juego de elección?

- **Filtración de las alarmas falsas.** Una máxima en la selección consiste en preocuparse más por las alarmas falsas (captar a personas inadecuadas) que por las falsas alarmas (no captar a gente valiosa). El equilibrio en el reclutamiento está en que no queremos que quienes quieren postularse en la posición de una empresa sean personas inapropiadas, pero debemos ser capaces de atraer a candidatos potencialmente adecuados. Conviene analizar a través de la herramienta *People Analytics* característica de la muestra adaptada por reclutamiento. Las herramientas de *big data* aplicadas a nichos de candidatos no explorados por las empresas de la competencia suponen un proceso de enorme interés para futuros reclutamientos eficaces.

- **Criterios clásicos y de diversidad.** Los criterios clásicos de razón de selección (número de candidatos por oferta) y ratios de diversidad en las muestras de reclutamiento (sexo, generación, cultura y cognición) son importantes para tener una población rica que facilite un reclutamiento que posibilite una elección más adecuada al momento determinado.

El reclutamiento va más allá de la mera descripción del puesto de trabajo y debe poner énfasis en la cultura de la empresa. Utilizar herramientas gamificadas respaldadas por IA y *People Analytics* permite identificar eficientemente bolsas de talento. Así, podemos llevar a cabo un proceso de identificación que abarque cantidad, calidad y diversidad de posibles personas interesadas en trabajar en la empresa.

A pesar de que algunos perciben los procesos de reclutamiento como mecánicos y no les prestan la atención suficiente, desempeñan un papel crucial en la atracción de potenciales empleados. La amplitud y profundidad de los procesos de reclutamiento determina la calidad de la selección. Analizar estos procesos no solo genera mejoras inmediatas en las etapas de selección, sino que también suele poner el foco en nuevos colectivos donde podemos atraer talentos ocultos.

¿Cómo se recluta actualmente? La utilización de los buscadores de empleo y las redes sociales han convertido este proceso más proactivo que la visión clásica reactiva de publicar. Ahora debemos tener una imagen (*employer branding*), pero también estrategia sobre dónde ubicar las ofertas en ámbitos y ecosistemas de conocimiento distintos. Esta visión proactiva del reclutamiento nos lleva a una consideración de la atracción desde la experiencia de los propios empleados. La tecnología seguirá arrasando con nuevas redes sociales, plataformas o reclutamiento en los diversos metaversos que cree el ser humano y a su vez la IA y el *big data* nos permitirán establecer mejores estrategias de búsqueda de potenciales candidatos, pero lo que nunca cambiará es la principal fuerza del reclutamiento, que se puede resumir en un clásico dicho: «Nunca hay una segunda ocasión para causar una grata primera impresión».

Hay que reclutar con valores, desde el propósito de la empresa, con herramientas tecnológicas, asegurando un amplio y profundo (cantidad, calidad y diversidad) colectivo de intereses y que desde el principio el empleado sepa que el compromiso con su bienestar es la apuesta de la empresa.

4. Búsqueda y evaluación

Si en el proceso de reclutamiento tenemos localizados a nuestros precandidatos, hemos de saber pasarlos a ser candidatos, para lo cual es muy importante el proceso de comunicación o acercamiento a ellos, que tiene cuatro fases:

Gráfico 5.1 Fases del proceso de comunicación a posibles candidatos

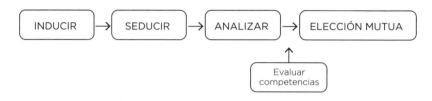

No se puede empezar a evaluar sin incluir y seducir, que son las formas más emocionales a la hora de crear un proceso de elección mutua querido por ambas partes.

- **Inducir.** Los contactos iniciales con los candidatos cada vez son más importantes. Ya no hay personas que se proponen, sino a las que se va a buscar. Este proceso debe mantenerse dentro de la lógica de la inducción porque ha de existir desde el inicio un interés por la empresa, y su conducta refleja su valor como candidato. Inducir implica interés, analizar y observar sin decidir.

- **Seducir.** Según se va configurando la candidatura, estamos en la fase de enamoramiento del candidato de la oferta y sobre todo de la compañía y, como dice Ciardini, la persuasión es una habilidad básica en la resolución de problemas; persuadir no es engañar, sino atraer desde el convencimiento y los valores.

- **Analizar.** Evaluar sin tener convencida a la persona de que merece la pena la posición es inadecuado y precipita desilusiones por ambas partes. Evaluar implica cambiar el polo de atracción, pues ahora es el candidato quien tiene que convencer a la empresa de su candidatura.

- **Elección mutua.** Tras configurar las expectativas de la empresa y del candidato, se pasa al proceso de selección de esta, pero buscando que sea vivido como un proceso de elección mutua, ya que ambos eligen un compromiso común.

Gráfico 5.2 Proceso de elección mutua

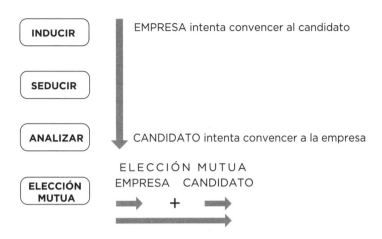

Estas fases ISAE (inducir, seducir, analizar y elegir) suponen el proceso más actual de selección, donde la asimetría de poder es más equilibrada que en visiones tradicionales, donde la empresa era la decisora y, por tanto, imponía sus criterios frente al candidato.

La selección por convencimiento mutuo para vivir una experiencia común es un modelo que ahorra mucho lucro cesante, es decir, cubre posiciones huecas de abandono temprano y el tiempo de pérdida de acogida, inducción, formación e integración. Las compañías tienen que pensar que los modelos actuales de atracción del talento constituyen uno de los puntos cardinales del bienestar futuro. Una buena elección es el inicio de un nivel de satisfacción posterior en la empresa.

La selección inadecuada no solo impide disponer de capacidades y talento, sino que también introduce elementos de malestar por falta de adaptación de los propósitos de ambas partes y, por consiguiente, genera un mal clima laboral e ineficiencias organizativas.

Dentro del modelo de selección bajo el paradigma de la experiencia de empleado debemos plantear una visión práctica de la evaluación. En procesos de selección habituales nos centraremos en herramientas evaluativas más cercanas y que permitan a la empresa estimar la adecuación de las personas, pero también que estas le enseñen la realidad que se encontrarán en un futuro.

Sin duda, la entrevista debe ser la herramienta más utilizada por su naturaleza humana y psicológica, pero hemos de establecer un proceso de evaluación de competencias que complemente sus apreciaciones subjetivas.

Los modelos de evaluación de competencias tienen la siguiente estructura de rubí en cinco grandes áreas de evaluación (*assessment*).

Gráfico 5.3 Rubí de la evaluación

1. Muestra de trabajo (pruebas *in tray*)
2. Análisis de casos (resolución de problemas)
3. Test de competencias (análisis de *soft skills*)
4. Entrevista por competencias
5. Fiabilidad interjueces: varios entrevistadores

La evaluación tiene que asegurarnos:

- Reconocer y saber resolver temáticas de su día a día en el puesto de trabajo (pruebas *in tray*).

- Plantear y decidir sobre problemas que habitualmente pueden darse en este tipo de puesto (análisis de casos).

- Tener registro de su nivel de utilización de las habilidades blandas o *soft skills* (pruebas de competencias).

- Focalizar la entrevista en averiguar momentos históricos donde ha tenido que utilizar estas competencias y su nivel de adecuación del propósito de las personas con el propósito y la cultura de la empresa (entrevista por competencias).

- Contrastar con diferentes entrevistadores en un proceso de validación cruzada (con parrilla común de evaluación) para tener una fiabilidad interjueces que evite sesgos cognitivos de evaluación.

Este modelo ideal de evaluación suele aplicarse en incorporaciones relevantes de evaluación de candidatos. Si se trata de una

selección masiva u operativa, se puede flexibilizar el proceso evaluativo, pero siempre sin obviar la entrevista como eje de la evaluación.
Vamos a analizar cada faceta del rubí de evaluación de competencias, también llamado *evaluación 360° de competencias*.

Gráfico 5.4 Evaluación 360° de competencias

Este modelo 360° de evaluación de competencias nos permite conocer a las personas en todas sus vertientes competenciales:

- **Muestra de trabajo.** Con estas pruebas se trata de buscar cómo actúa la persona frente al trabajo diario que tiene que hacer. Se aprecia su adaptación inmediata a los requerimientos del puesto. Los modelos de muestras de trabajo se basan en describir situaciones reales y estudiar con la persona su forma de analizar, reflexionar, comunicar, estructurar, alinear y dar soluciones. Las pruebas *in tray* tienen mucha bibliografía en la ciencia psicológica pero cada vez más se trata del test a criterio, es decir, son pruebas desarrolladas para vivificar en el propio proceso de selección la experiencia de empleado que va a vivir cuando esté trabajando.

- **Análisis de casos.** En todo trabajo hay situaciones clave de resolución de problemas, y en la redacción de un caso a discusión con el candidato se trata de reproducir dicha situación. El evaluador analizará cómo se comportaría el candidato en ella y las competencias puestas en acción en su propuesta de intervención. Los casos escuetos y que proponen escenarios reales de solución de problemas representan una prueba de actuación en situaciones específicas y permiten predecir las conductas futuras del candidato.

- **Pruebas de competencias.** Hay varias en el mercado. Es muy interesante el modelo de *soft skills* propuesto por la investigadora Emma Sue Prince en 2019, donde identifica las siete áreas de *soft skills* y que es la base de una buena apreciación de estas habilidades en una evaluación competencial:

  - Adaptabilidad. Capacidad de cambiar, apertura perceptiva, flexibilidad intelectual y aceptación de la situación.
  - Pensamiento crítico. Adopción de puntos de vista diferentes, flexibilidad cognitiva y generación de alternativas plausibles.
  - Empatía. Comprensión de los demás, escucha activa, autoconsciencia de los propios sentimientos, atención plena y comunicación empática.
  - Integridad. Procesamiento equilibrado de la información, discernimiento, autorregulación del comportamiento en función de los valores y asertividad.
  - Optimismo. Perspectiva optimista de la realidad, visión positiva, pensamiento positivo y comunicación con positividad.
  - Proactividad. Percepción de la realidad para cambiarla, capacidad de influencia, reflexión sobre la realidad, criterio propio y centro en la solución y no en el problema.
  - Resiliencia. Templanza, serenidad, aceptación de la vulnerabilidad, fuerza interna frente a la adversidad y ánimo.

Estas *soft skills* son fundamentales para seleccionar a personas que se puedan adaptar a los cambios que seguro que nos acompañarán durante todo el desarrollo empresarial. Reconocer el dominio de estas *soft skills* es tener garantía de la capacidad de adaptación y acomodación de las personas en la compañía.

- **Fiabilidad interjueces.** El análisis por parte de diferentes observadores a partir de una parrilla común de evaluación (diseñada exprofeso para cada posición) es una práctica de procesamiento equilibrado de la información con la que podemos mitigar los procesos de atribución a la conducta de los candidatos, relativizando así nuestros sesgos individuales. Es muy importante la formación en los entrevistadores habituales de los ocho tipos de sesgos cognitivos que recoge Daniel Kahneman en sus libros de psicología económica y que veremos en el capítulo de Asesoramiento: Diversidad y atención en el apartado de Igualdad de género: planes de igualdad.

- **Entrevista por competencias.** Esta metodología nos permite tener un análisis integral de las competencias y analizar el mundo volitivo del propósito del candidato. Es un doble proceso: por una parte, ponemos el foco en el ejercicio de las competencias en sus experiencias previas, aunque no sean muy cercanas a la realidad actual, y, por otra, indagamos en la motivación que puede generar el compromiso con la propuesta de la empresa.

En la primera parte, la estricta evaluación por competencias, hay un esquema muy certero:

Gráfico 5.5 Evaluación de competencias

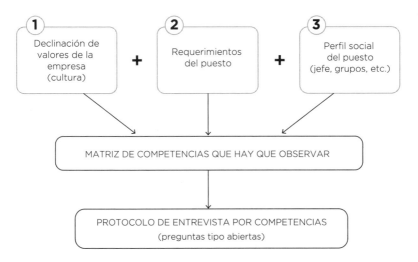

En la segunda parte, se trata de declinar el propósito de la empresa en sus correlatos competenciales:

Gráfico 5.6 Propósito y competencias

Es importante analizar esta doble vertiente:

- Adaptación competencial a la empresa, al perfil social y al puesto.
- Adaptación de propósitos de ambas partes (empresa y candidato).

Con este proceso de evaluación podemos asegurar poner el foco en el interés de la empresa y exponer al candidato datos y criterios para proceder a una elección mutua acertada.

La elección mutua pasa por un planteamiento de sinceridad expositiva, no es cuestión de una compraventa por parte de la empresa ni de una compraventa por parte del candidato, sino más bien de un convencimiento mutuo del éxito para pasar de candidato a empleado. Los modelos clásicos de *headhunting* y de selección clásica asimétrica no concuerdan con la visión de experiencia de empleado, que necesita una mayor sofisticación emocional de la selección para producirse un proceso de selección mutua.

5. *Onboarding* o acogida

Con el modelo de adquisición del talento actual, además de atraer (*employer branding* y reclutamiento) y evaluar, tenemos que integrar a las personas. La integración es el troquelado, como diría un etólogo que estudia el comportamiento animal, del compromiso del empleado con la empresa en toda su historia. Por eso son tan importantes los cien primeros días en la historia de un empleado; por su determinación y mantenimiento del compromiso posteriormente, las experiencias tempranas son muy emocionales y suelen tener una enorme importancia en el futuro.

Desde hace unos años utilizamos el anglicismo *onboarding* para explicar el esfuerzo de integración de la compañía en cuanto se ha procedido a una elección mutua. El término como gerundio con su metáfora de «embarcando» es muy gráfico para expresar el esfuerzo de integración. Toda integración necesita tres niveles:

- **Infraestructura.** Conocimiento práctico y pragmático de ubicación en el nuevo trabajo, obligaciones y desarrollo legal (condiciones).

- **Estructura.** Ecosistema de relación y emocional del grupo de trabajo y, especialmente, del acompañamiento de su responsable inmediato en estos primeros cien días.

- **Superestructura.** Actitud de integrarle en su dinámica diaria de trabajo por parte de todos los actores.

Los procesos de *onboarding* se han digitalizado en gran medida, pero no importa solo el medio digital, sino ante todo la preocupación de la compañía por la integración. Las preguntas y conversaciones de los interlocutores empresariales con sus preocupaciones y ocupaciones en la integración tienen un enorme valor ecológico: la empresa quiere una integración adecuada.

Este proceso no debe caer en un enorme detalle y en la exclusividad porque lo fundamental siempre será la relación diaria en el trabajo, pero la persona ha de sentirse acompañada por un esfuerzo formativo y de entrenamiento en los nuevos retos que le ofrece la organización.

Gráfico 5.7 Preguntas que deben hacerse en el análisis de un proceso de *onboarding*

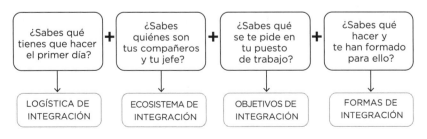

El proceso de *onboarding* debe dar respuesta a estos cuatro ejes y no quedarse solo en uno, aunque por las características del puesto el gradiente de formación o la explicación de objetivos pueden ser mayores en unos procesos que otros. No hay que olvidar que se trata de un proceso paulatino y la regla práctica de los primeros cien días es un buen registro de control.

Antiguamente existía el manual de acogida; hoy puede haber una aplicación en el metaverso o se puede elaborar una actividad o un juego interactivo para facilitar la integración, pero sin olvidar que se trata de una persona (cambia el sombrero de candidato a empleado, pero sigue siendo persona) que tiene ganas de comprometerse con el propósito de la empresa. No hay que contarle todo en los primeros días, sino transmitirle una actitud de acogida y confianza inicial, permitiendo así que sienta una conexión genuina con el propósito y los valores de la compañía.

La acogida debe ser un proceso de evaluación del rendimiento por parte del directivo. No se trata de obtener fieles seguidores, sino de demostrar compromiso desde el inicio de la relación. Este proceso es indicativo del interés por buscar el compromiso desde el bienestar.

En resumen, la atracción de talento, con la a inicial del modelo AGAD se puede resumir en:

- Crear una imagen sincera y sencilla del propósito de la empresa para estar en el listado de las más atractivas para desarrollar una experiencia de empleado (*employer branding*).

- Diseñar un reclutamiento que permita contar con las personas que quieren desarrollar su experiencia en la empresa y que reúnan las características competenciales que se quieren (reclutamiento).

- Estructurar un proceso de búsqueda y evaluación que permita plantear una elección mutua (empresa y candidato) del compromiso haciendo una evaluación de competencias basada en la empresa, en el puesto y en su perfil social (búsqueda y evaluación).

- Planificar un proceso de integración que posibilite asentar el compromiso de los candidatos afinando su elección y permitiendo a la compañía asegurar su elección (*onboarding* o acogida).

Para terminar este capítulo, cabe recordar una frase de Henry Kissinger, quien, a sus cien años, en su libro sobre liderazgo, repite una frase muy querida por él: «Un diamante es simplemente un trozo de carbón que resultó bien bajo presión». Para tener una empresa competitiva no solo buscamos diamantes, sino que los hacemos. Pero para hacer diamantes tenemos que ser permisivos con los errores de selección que todos hemos cometido a lo largo de nuestra vida como líderes. Como decía el famoso entrenador de baloncesto John Wooden: «Los buenos empleadores cometerán errores y los buenos líderes se lo permiten». A pesar de todo, permitamos pensar que no existe la selección perfecta.

6
GESTIÓN DEL TALENTO: ORGANIZACIÓN Y COMPENSACIÓN

1. Modelo organizativo

El modelo AGAD de experiencia de empleado consta de estos cuatro momentos representados por cada letra, y debemos pensar que hay que trabajarlos en conjunto, pues si no podemos tener los siguientes escenarios:

- Disponer de personas con talento y compromiso por nuestra política de atracción adecuada, pero que se van o dejan de ser productivas por una gestión no centrada en el bienestar de los empleados.

- Tener a las personas y hacer una buena gestión diaria, pero, al no disponer de modelos de asistencia y asesoramiento, que estas carezcan de compromiso.

- Tener a las personas adecuadas, una buena gestión y una preocupación por las personas, pero, al no existir posibilidades de desarrollo y crecimiento profesional, que estas no se comprometan con la empresa.

Estos escenarios describen que la experiencia de empleado debe actuar en los cuatro momentos de la siguiente forma:

- Atraer a personas con talento y compromiso.
- Gestionar las experiencias de las personas con una visión de bienestar.
- Asesorar a las personas con un criterio de compromiso.
- Desarrollar a las personas para que sigan comprometidas según crezcan dentro de la firma profesional.

El modelo AGAD tiene su principal actuación en la G de gestión. La gestión de personas en el modelo de experiencia de empleado es el ámbito más cercano a la vida cotidiana de la empresa y suele ser el contenido habitual de las relaciones laborales.

En el mundo de las firmas profesionales se suelen considerar las relaciones laborales sin tener en cuenta la variable sindical, tan importante en muchos otros sectores, pero resulta fundamental considerar las principales variables de gestión de la persona, que pasan por estas nueve áreas de contenidos:

Tabla 6.1 Nueve áreas de gestión del talento

Variables de gestión de la persona	Áreas de contenido
Organización del trabajo	Estructura y procesos
Flexibilidad laboral	Tiempo de trabajo
Evaluación del desempeño	Evaluación de resultados
Política de compensación/modelos de retribución	Retribución
Carrera profesional	Promoción
Comunicación interna	Comunicación
Comprensión emocional: reconocimiento	Reconocimiento
Clima laboral	Voz del empleado
Desvinculación laboral (*offboarding* y *outplacement*)	Despido

Estas nueve áreas se refieren a la mayor parte de la gestión que tiene que tratar un departamento de gestión de personas. Gestionar desde una perspectiva de experiencia de empleado supone poner las percepciones de las personas en el centro de dicha gestión. No se trata de hacer las cosas bien, sino de que, haciéndolas bien, sean percibidas como adecuadas por los empleados. Este hincapié en la percepción lleva a considerar que cualquier visión de la gestión pasa por tener información sobre la percepción de los empleados, porque no se trata tanto de comunicar sino de tener la opinión del empleado como un dato sobre el valor de la acción organizativa. Y hemos de conocer y recabar información de todas estas temáticas en los siguientes ítems de información:

Gráfico 6.1 Ítems de información sobre las nueve áreas de gestión de empleados

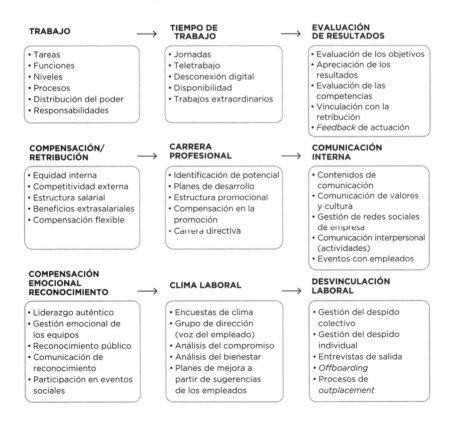

TRABAJO →

• Tareas
• Funciones
• Niveles
• Procesos
• Distribución del poder
• Responsabilidades

TIEMPO DE TRABAJO →

• Jornadas
• Teletrabajo
• Desconexión digital
• Disponibilidad
• Trabajos extraordinarios

EVALUACIÓN DE RESULTADOS

• Evaluación de los objetivos
• Apreciación de los resultados
• Evaluación de las competencias
• Vinculación con la retribución
• *Feedback* de actuación

COMPENSACIÓN/ RETRIBUCIÓN →

• Equidad interna
• Competitividad externa
• Estructura salarial
• Beneficios extrasalariales
• Compensación flexible

CARRERA PROFESIONAL →

• Identificación de potencial
• Planes de desarrollo
• Estructura promocional
• Compensación en la promoción
• Carrera directiva

COMUNICACIÓN INTERNA

• Contenidos de comunicación
• Comunicación de valores y cultura
• Gestión de redes sociales de empresa
• Comunicación interpersonal (actividades)
• Eventos con empleados

COMPENSACIÓN EMOCIONAL RECONOCIMIENTO →

• Liderazgo auténtico
• Gestión emocional de los equipos
• Reconocimiento público
• Comunicación de reconocimiento
• Participación en eventos sociales

CLIMA LABORAL →

• Encuestas de clima
• Grupo de dirección (voz del empleado)
• Análisis del compromiso
• Análisis del bienestar
• Planes de mejora a partir de sugerencias de los empleados

DESVINCULACIÓN LABORAL

• Gestión del despido colectivo
• Gestión del despido individual
• Entrevistas de salida
• *Offboarding*
• Procesos de *outplacement*

Todas estas decisiones de gestión sobre las personas deben basarse en la experiencia de empleado y visualizar la gestión con un prisma de perseguir su bienestar y no con una visión de control y seguimiento propia de otros momentos históricos.

2. Organización del trabajo

Cada vez más el modelo del puesto de trabajo como referente principal organizativo ha ido perdiendo valor en un momento de continuo cambio tecnológico, de competitividad incierta y con una visión de sostenibilidad socioambiental.

Los principales conceptos organizativos que hay que tener en cuenta en una perspectiva organizativa de la gestión de personas son:

Actualmente, la gestión de personas en estos conceptos ha creado nuevas metodologías más alineadas con las políticas de bienestar del empleado.

Tareas

Los sistemas organizativos basados en nuevas tecnologías ponen el foco en la autonomía y capacidad de organizarse autónomamente las personas con sus tareas.

Más que una descripción de tareas, lo que existe es una medición de los resultados dejando más libertad en relación con la forma de realizarse dichas tareas. El enfoque de *job crafting* se basa en ese modelo de autonomía y en que cada persona sea la autora de la forma de trabajar, siempre y cuando se consigan los resultados. Esta construcción del trabajo considerando las características de las personas supera la visión normativista de que todo el mundo tiene que hacer de la misma forma la misma tarea. Estos modelos desarrollados por Amy Wrzesniewski implican:

- Rediseñar puestos para evitar rutinas.

- Generar percepción del efecto que tiene en la empresa el buen rendimiento en estas tareas.

- Personalizar las tareas para que mejore la percepción del puesto.

Estas técnicas permiten hacer tres tipos de intervenciones en las tareas:

- Adaptación de las tareas a las capacidades y no al revés (*task crafting*).

- Reconocimiento e identificación de los efectos positivos o negativos que se generan en el entorno de trabajo (*relational crafting*).

- Visualización de las tareas como un territorio creativo, donde cada persona puede percibir de modo diferente la forma de trabajar (*cognitive crafting*).

Esta propuesta de *crafting* incide en la autonomía y flexibilidad del trabajo, lo que posibilita la generación de un mayor compromiso y, por ende, mejorar el bienestar de los trabajadores; consiste en pasar de una visión *techne* de los clásicos (centrarse en el cómo) a una visión *epistome* (centrarse en los porqués).

Diseño organizativo

Los modelos organizativos mantienen en las firmas profesionales tres tendencias con las que conseguimos estructuras más adecuadas para el bienestar de las personas:

- Aplanamiento de estructuras (menos niveles organizativos). Posibilita tener un mayor acercamiento a la cúpula directiva creando una mayor cercanía al poder compartir el propósito y al reconocer la estrategia y la cultura que configuran los estilos directivos. La existencia de pocos niveles organizativos lleva a decisiones más rápidas y a una mejor retroalimentación del conocimiento sobre el mercado en la estrategia de la firma profesional.

- Liofilización o externalización de servicios no esenciales para el negocio (no hacer todos de todo). Los procesos de racionamiento de las estructuras corporativas para centrarse más en estructuras de negocio generan una mayor celeridad en la gestión. Focalizar la organización al negocio y crear partenariado de áreas accesorias son habilidades de una organización competitiva.

- Autonomía o descentralización de las decisiones (poner la decisión más cerca del conocimiento). Es importante para obtener soluciones pragmáticas por la cercanía con el mercado. La ubicación de la decisión en el punto cercano del contacto con el entorno es una de las mayores ventajas del diseño organizativo actual.

En fin, menos estructuras, más ligeras y autónomas son los principios que regulan actualmente la forma de organizar una firma profesional.

Procesos organizativos

Toda firma profesional debe saber gestionar los procesos para que las tareas y el diseño organizativo sean eficaces. La incorporación de las metodologías *agile* nos permite revisar los procesos de una nueva perspectiva, y resulta especialmente significativa la revolución conceptual que significan las organizaciones exponenciales (EXO). Los procesos han de recoger algunos conceptos de esta metodología, pues como toda visión con vocación autoexplicativa, intenta tener una configuración para explicar el todo. Los procesos actualmente deben pensarse con los cambios que suponen estas ideas:

- Comunidades. Las personas se apuntan al proceso, no lo elije solo la empresa.

- Interfaces. Procesos personalizados de interacción.

- Experimentación. Probar nuevas ideas con riesgos controlados (grupos de control).

- Autonomía. Equipos autoorganizados y multidisciplinares con autoridad descentralizada.

- Tableros de instrumentos. Todo proceso se expresa en métricas.

Estos cinco conceptos dan sentido a unos procesos más dinámicos y no subsidiarios de la estructura organizativa que generan dinámicas de actividad organizativa independientemente del rol profesional asignado para la ejecución de las tareas descritas en su puesto de trabajo.

Las comunidades consisten en procesos con un interés inicial y querido por las personas que las componen y, por tanto, generan una consideración adecuada al bienestar. La participación en procesos requiere una asunción que los que participan aportarán por su interés. De aquí la fuerza de la creación de comunidades permanentes más allá de proyectos específicos, porque el concepto de *comunidad* es integrativo y tiene la bondad de dar valor a cada uno de sus miembros.

Las interfaces plantean que todo proceso tiene una forma según las personas que lo llevan a cabo. Esta filosofía que proviene de la singularidad de las conexiones neuronales lleva a plantear que los procesos se configuran desde la relación humana. La visión de procesos es una teoría muy bonita pero inviable si no considera a las personas que lo llevan a cabo. Esta personalización del proceso aporta a una consideración mecanicista un verdadero valor. Los procesos funcionan según las interfaces de las personas que hacen posible su interacción en el día a día.

La experimentación es un modelo mental (*mindset*) de cambio en las técnicas tradicionales de la organización. Orientar a esta hacia el cambio implica aceptar nuevas formas de procesos, lo que facilita la forma de obtención de la eficiencia organizativa. Experimentar es probar, y el mero hecho de experimentar demuestra una actitud hacia el cambio muy favorable a una organización orientada a las personas.

La autonomía entendida como equipos autoorganizados, multidisciplinares y con autoridad descentralizada significa poner el poder en las personas, lo que no necesita estructura de decisión superior, con una visión unidimensional profesional y con dependencia externa para dar respuesta a las verdaderas necesidades del mercado. Este enfoque celular dota de una mayor flexibilidad, y autonomía personal a los empleados y, por tanto, posibilita un ecosistema mayor de su bienestar.

Y, por último, el concepto de tableros de instrumentos se refiere a la necesidad de que los resultados no solo se exigen desde la perspectiva de los puestos, sino también desde la aportación a los mismos resultados de un buen proceso, así que todo proceso se debe materializar con un KPI (*key performance indicator*) que puede apreciar su rendimiento significativamente.

En fin, los procesos en un modelo de experiencia de empleado han de facilitar el bienestar porque implican:

- Generar comunidades de intereses comunes y con voluntad de participar en los procesos.

- Diseñar relaciones en los procesos basándose en las personas.

- Probar nuevos procesos con mentalidad de experimentación.

- Propagar la autonomía en los procesos que se autorregulan al disponer de todos los medios para tomar las decisiones desde el punto más cercano al mercado.

- Cifrar todos los procesos en KPI para evaluar no solo los puestos que participan en el proceso, sino al propio proceso *per se.*

Gestión de proyectos

Los proyectos son el formato mágico de gestión de la rentabilidad en una firma profesional; por eso, es muy importante su estructura dentro de la empresa.

Actualmente están modificándose con la irrupción de la metodología *agile,* que les ha dotado de propuestas de enorme eficacia y que proporciona una mayor consideración de la experiencia de empleado como valor organizativo.

En metodología *agile* hablamos de:

- La interacción de las personas sobre los procesos.
- La participación del cliente durante todo el proceso.
- La capacidad de respuesta ante los cambios.

Las personas, el cliente y el cambio se han convertido en las variables fundamentales de un proyecto, y no directamente el producto. Este es consecuencia de la implicación de la persona con su compromiso y sus capacidades, de la continua aceptación o no del proyecto por parte del cliente y de tener la capacidad de cambiar el proyecto sin hacerlo peligrar e incluso de ver este cambio como una ventaja para el propio proyecto al estar en continua adaptación con el entorno.

Estas tres variables aportan conceptos muy valiosos para la gestión de proyectos:

- Metas y revisiones cortas (*sprint*).
- Trabajar de forma coordinada.
- Priorizar la motivación del equipo de proyecto.
- Sostenibilidad del proyecto (gestión de tiempo y ritmo de trabajo).
- Prevalencia de la excelencia técnica.
- Prevalencia de la simplicidad.
- Tiempo para la reflexión y búsqueda de mejoras.

Estas razones hacen de la metodología *agile* un gran aliado en la gestión de la experiencia de empleado y ayudan a no caer en esa visión clásica de proyecto donde el cliente no conoce el producto hasta su total realización, cambiar es un martirio y las personas son peones intercambiables a favor del santo proyecto.

Las firmas profesionales deben desarrollar estos modelos ágiles de entender los proyectos para conseguir una verdadera organización más humana, donde los empleados se puedan comprometer con los proyectos como si fueran parte de su trabajo y no estar obligados a estar en ellos.

Matriz de responsabilidades

La famosa frase: «¿Quién hace qué?» no debe ser limitada solo por la responsabilidad del puesto, sino tener una lógica con otra responsabilidad dentro de la estructura, los procesos y los proyectos de la empresa. Los modelos de matrices de responsabilidad (p. ej., el modelo RACI, por sus en inglés; matriz de la asignación de las responsabilidades) llevan mucho tiempo en la teoría organizativa, pero en este momento han de considerarse bajo tres prismas:

- La elección del rol por las personas y no por el puesto, tanto en un proceso como en un proyecto.

- El análisis de la responsabilidad no con criterios internos, sino con el impacto al cliente.

- El cambio de rol en momentos determinados del proceso o del proyecto.

Con esta visión más centrada en las personas, siempre hay que confiar en tener todos los roles en la organización (responsable, aprobador, consultado, informado o apoyo) para disponer de una visión de 360° de un proceso o proyecto.

Esta matriz es un elemento comprobatorio del diseño organizativo porque disponer de procesos, proyectos, tareas y diseño organizativo sin tener claro el reparto de responsabilidades suele incidir en trabajo sin resolución. Con esta matriz se han de hacer dos reflexiones:

En primer lugar, el reparto de poder en una firma profesional, en toda organización de este tipo configurada por socios y emprendedores se necesita un reparto equitativo del poder. La asimetría de poder y la centralización en algunas personas generan desequilibrio de poder, lo que conlleva situaciones escabrosas y problemas de funcionamiento interno.

Y, en segundo lugar, el conocimiento de las capacidades de las personas a la hora de asumir un rol. En algunos casos, es interesante comprobar el papel de equipo de las personas que componen una comunidad o un proyecto. En estas ocasiones resulta muy útil el modelo de Belbin, que permite identificar las contribuciones comportamentales de las personas en un equipo. Basado en un modelo de nueve roles, este modelo es interesante para ver cómo se puede desarrollar con éxito un proyecto. Estos nuevos roles son:

Gráfico 6.2 Roles mentales de reparto de responsabilidades

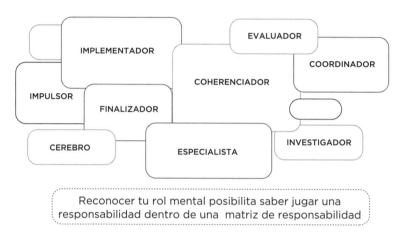

IMPLEMENTADOR

EVALUADOR

COORDINADOR

COHERENCIADOR

IMPULSOR

FINALIZADOR

CEREBRO

ESPECIALISTA

INVESTIGADOR

Reconocer tu rol mental posibilita saber jugar una responsabilidad dentro de una matriz de responsabilidad

La distribución del poder y reconocer tu rol adecuado a tus competencias son los grandes retos para diseñar una adecuada matriz de responsabilidades.

Modelos de gobernanza

En una firma profesional debe existir modelos colegiados de decisión para buscar la implicación entre pares.

Gráfico 6.3 Los tres niveles que debe tener la gobernanza

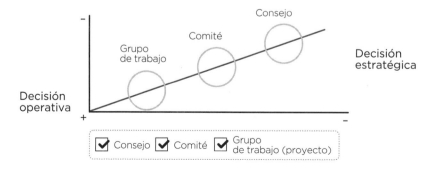

Consejo

Comité

Grupo de trabajo

Decisión estratégica

Decisión operativa

☑ Consejo ☑ Comité ☑ Grupo de trabajo (proyecto)

Con este gráfico del nivel de decisión y con estos nombres o cualesquiera otros, el grupo de trabajo (proyecto) debe tomar decisiones centradas en la operación. Cuanta más decisiones se formen a este nivel, mayor funcionamiento autónomo y flexibilidad habrá. En muchas ocasiones, en las firmas profesionales ocurren dos fenómenos:

- **Delegación ascendente.** Se elevan a órganos de gobernanza superiores decisiones operativas, creando así una anomia funcional e incidiendo en intrusiones de *micromanagement* por órganos superiores de decisión.

- **Delegación descendente.** Se desciende a cargos de gobernanza operativos para tomar decisiones estratégicas, creando una visión túnel de las decisiones desde órganos con poco nivel de abstracción de la dinámica funcional habitual.

Estos órganos de gobernanza, además del nivel de decisión, han de tener en cuenta la naturaleza de las decisiones en estas dimensiones: alcance, conocimientos, impacto e involucración. Por tanto, es muy útil una visión panorámica de la gobernanza que deben asumir los máximos responsables de las firmas profesionales. Cuando se analizan los mecanismos de gobernanza en cada órgano, hay que considerar estas características propias de los indicadores ESG:

- Transparencia.

- Responsabilidad.

- Participación.

- Reducción de costes.

- Capacidad de respuesta.

Una buena gobernanza, un adecuado reparto de responsabilidades, un buen modelo de gestión de proyectos, un modelo de proceso como una comunidad, un diseño organizativo simple y unas tareas centradas en las personas son las claves actuales de un modelo eficaz y eficiente de una organización del trabajo en una firma profesional.

Gráfico 6.4 Modelos de gobernanza

3. Flexibilidad laboral: autonomía y teletrabajo

En la actualidad, los entornos laborales están experimentando enormes transformaciones. Entre estas, una de las más relevantes es que una de las grandes motivaciones que tienen los jóvenes a la hora de decantarse por un puesto de trabajo es la capacidad para tener cierta dosis de autonomía.

Autonomía

Se entiende por *autonomía laboral* la libertad de los profesionales para organizar su trabajo, tomar decisiones en sus tareas, flexibilizar sus horarios y poder optar al teletrabajo.

En definitiva, la autonomía laboral se concreta en empoderar a los equipos profesionales para que tengan la capacidad de:

- Flexibilizar horarios.
- Gestionar sus actividades.
- Tomar decisiones en sus tareas.

Dotar de esta autonomía a los profesionales requiere un cambio cultural importante dentro de la firma. Además, se hace necesario que esta se dote de la tecnología adecuada para gestionar tiempos y procesos y que los profesionales dispongan de recursos, conocimientos y capacidades suficientes para trabajar de forma autónoma.

En cuanto a las ventajas que representa la autonomía laboral, podemos indicar:

- **Ventajas para la firma**
  - Potencian su compromiso con la cultura de la firma.
  - Aumenta su sentido de pertenencia.
  - Motiva a los equipos, al ser más responsables de los logros y más resilientes ante los fracasos.
  - Se incrementa la eficiencia y, por tanto, también aumentan los resultados.
  - Se eleva la transparencia en la organización.
  - Se transforma en un atractor de talento.

- **Ventajas para los profesionales**
  - Aumenta su autoestima y, por tanto, su motivación y satisfacción en el trabajo.
  - Se sienten reconocidos y valorados.
  - Permite conciliar mejor con la vida privada.
  - Afianza vínculos entre profesionales y con la firma.
  - Mejora el rendimiento individual.
  - Reduce del absentismo.
  - Disminuye el estrés laboral.

Pero la autonomía no está exenta de riesgos, que serán más acentuados en función del grado en el que se conceda. Entre otros, podemos citar los siguientes:

- Existen profesionales poco proclives a la toma de decisiones propias; prefieren recibir órdenes. Habrá que abordar un cierto cambio cultural para que se adapten a esta situación.

- En ocasiones, la autonomía puede ser fuente de competencia interna mal entendida entre los profesionales, lo que genera conflictos internos y deteriora el clima laboral.

- Un exceso de autonomía puede llevar a comportamientos no homogéneos de los profesionales y a respuestas diferentes frente a los mismos problemas planteados.

- Pérdida de control de los proyectos y del rendimiento colectivo e individual.

- Incumplimiento de procesos internos y externos.

Por ello, siempre ha de existir un adecuado balance entre autonomía y control.

Diversos estudios concluyen que España está a la cola de Europa en autonomía laboral, aunque algunos indicadores muestran que la situación ha mejorado tras la pandemia.

Gráfico 6.5 Porcentaje de personas trabajadoras que reportan flexibilidad en el horario de trabajo

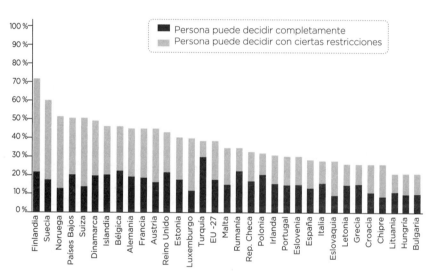

Fuente: Eurostat (europa.eu) 2019.

Teletrabajo

Entendido como aquel que se realiza fuera del centro habitual de la empresa a través de medios tecnológicos, experimentó un desarrollo extraordinario tras la pandemia. Hacía ya tiempo que su práctica era habitual, fundamentalmente en empresas del sector servicios, pero hasta entonces se había considerado algo residual, sobre todo porque planteaba una desconfianza que ahora, en buena medida, se ha demostrado excesiva. El confinamiento, consecuencia de la pandemia, supuso que su implantación experimentara un incremento espectacular, tanto en el número de empresas que recurren a él como en el de días laborables teletrabajados, y ha permitido descubrir muchas de las ventajas que conlleva.

Cualquier cambio disruptivo en la gestión de las empresas representa ventajas e inconvenientes, por lo que su aplicación ha de ser prudente, paulatina, medida y controlada. Podemos agrupar en tres niveles las bondades del teletrabajo:

- **Para el trabajador.** Le permite disfrutar de flexibilidad a la hora de organizar su jornada, mejorar su conciliación familiar y personal, ahorrar tiempo y costes de transporte, disminuir accidentes *in itinere,* reducir costes de manutención y ropa, etc.

- **Para la empresa.** Es un buen medio para atraer y retener el talento, mejorar la motivación de sus profesionales, aumentar la delegación de funciones, disciplinar la hora de comienzo y fin de las telerreuniones, reducir el absentismo y lograr ahorros de coste de uso y mantenimiento de instalaciones.

- **Para la sociedad.** Disminuye el tráfico en las ciudades, con la consiguiente reducción de la contaminación y de los accidentes; mejorar la conciliación, y por tanto avanzar en políticas de igualdad, y otros muchos efectos indirectos en cuanto a seguridad y salud de la comunidad.

Sin embargo, los riesgos y desventajas del teletrabajo son también apreciables:

- **Para el empleado.** Por la dificultad de separar el horario de trabajo del tiempo necesario de descanso y lograr una efectiva desconexión digital, por el aumento del tecnoestrés y de los riesgos psicológicos del aislamiento o por la posible vulneración de su privacidad.

- **Para las empresas.** Porque la falta de contacto físico puede poner en peligro la identidad, los valores y la cultura de la organización; se dificulta el desarrollo de la acción comercial; hay mayores obstáculos para formar y cohesionar a los equipos, en especial para los más jóvenes y los que se vayan incorporando; se hace más difícil evaluar y controlar el desempeño; pueden plantearse importantes problemas de ciberseguridad, y se requieren inversiones permanentes en medios tecnológicos.

En consecuencia, las empresas, sus trabajadores y los poderes públicos deben velar por que se potencien las ventajas del teletrabajo y se minimicen sus efectos adversos. Para lograrlo, la primera condición es que sea voluntario; conviene que se alterne siempre con presencia física en el centro de trabajo, es decir, avanzar hacia un modelo mixto; que se programen reuniones físicas internas y con clientes, y que se tomen medidas adecuadas de protección de los intereses, tanto de los trabajadores como de las empresas.

Las bases fundamentales que han de inspirar la regulación normativa del teletrabajo deberían asentarse sobre la equiparación de derechos y deberes de quienes teletrabajen frente a los que no lo hagan, en especial en cuestiones como retribución, promoción, formación, exigencia de responsabilidades y salud y seguridad laboral; un carácter voluntario y reversible, y que se compensen de una forma razonable y no abusiva los gastos relacionados con el trabajo en casa.

La regulación ha de ser justa y equilibrada para todos con el fin de no vulnerar los derechos de los trabajadores, pero no puede cargar a las compañías con costes y burocracia que lo hagan insostenible a medio plazo o simplemente inviable.

Diferentes estudios de la universidad de Stanford concluyen que la posibilidad de realizar un trabajo híbrido equivale a un aumento salarial entre el 7 y el 8 %.

Por otra parte, el informe de EY Work Reimagined 2022 afirma que el 80 % de los empleados optan por trabajar entre dos y tres días a la semana de forma remota.

4. Evaluación del desempeño

La evolución del rendimiento o desempeño es un proceso clásico en la gestión de recursos humanos. Desde los albores de la ciencia del *management* se ha tratado de evaluar a los empleados por sus resultados, posteriormente, se evaluaba con objetivos y luego se ha vuelto al concepto de resultados clave.

Gráfico 6.6 Evolución de la evaluación del rendimiento

Esta historia ha cambiado el valor de la evaluación: hemos pasado de la evaluación como control a la evaluación como involucración; de poner el foco en conseguir más resultados a ampliar dicho foco y que, sin olvidar la necesidad de obtener resultados, nos sirvan para involucrar a las personas evaluadas.

Esta visión del resultado como hito de análisis de los empleados tiene un valor limitado como dato de evaluación, lo importante es generar la conversación de desarrollo con el evaluado. La introducción del desarrollo como elemento identificativo de la evaluación sobre otras necesidades organizativas de control ha sido un gran avance.

El control de resultados como fin pasa por la apreciación individualizada de la aportación, esta que podía llevar a individualizar la compensación en la retribución variable. Pero al poner al fin puesto en el desarrollo es independiente de la valoración porque su contribución se trata de establecer tres procesos básicos en la gestión de las experiencias de las personas en una firma profesional: el *feedback* de su aportación, el aprendizaje para mejorar y el contraste de la alineación de propósito.

Actualmente evaluar el rendimiento no solo consiste en obtener un resultado, sino también en saber en qué te valoran, en qué tienes que aprender y si es en esta compañía donde puedes conseguir tu propósito como persona. Sin duda, este proceso se ha valorizado y ha pasado de ser una aplicación de un cuestionario a tener sentido como proceso de comunicación empleado-empresa.

Vamos a analizar estas nuevas formas de ver la evaluación:

- *Feedback.* Todo empleado tiene el derecho de saber si lo está haciendo bien. Y si no es así, la apreciación de sus evaluadores sobre su ejecución. Saber dar y recibir *feedback* necesita entrenamiento, pues parte del conocimiento de las propias *soft skills*.

Para dar un buen *feedback* debemos dominar la empatía y la integridad, porque si no podemos acabar teniendo una conversación insustancial. El clima del *feedback* tiene que imperar como valor cultural, ya que, si no se está dispuesto a recibir un *feedback,* tampoco se está capacitado para darlo. Como siempre, para saber dar un buen *feedback,* hay que trabajar las propias *soft skills* en los tres procesos básicos humanos:

- Percepción. Saber percibir sin sesgos previos a la persona y basarse en evaluar resultados y conductas asociados a ella requiere entrenamiento. La mayoría de las veces los sesgos obnubilan una percepción aséptica de las personas. Todos sabemos que la plena objetividad en un juicio humano es imposible, pero tenemos que poner conciencia de nuestras subjetividades. Lo peor son los juicios subjetivos que autoconvencen de su clara objetividad. Trabajar los sesgos que Daniel Kahneman expuso en su obra es un ejercicio de enorme salud organizacional.

- Cognición. Saber pensar sin creencias limitantes para entender la actuación de una persona es otro ejercicio de ecuanimidad. Todos tenemos aprendidos pensamientos preestablecidos de la realidad. Nuestro querido cerebro, por su configuración y orientación a la supervivencia, intenta ahorrar energía (no olvidemos que es el órgano que más energía consume) y, por tanto, simplifica la realidad en estereotipos o pensamientos automáticos que nos facilitan la vida. Estos estereotipos no nos permiten dar un feedback desde la conducta observada, sino desde el esquema conceptual preestablecido por los prejuicios adquiridos sobre las personas.

- Comunicación. Es importante saber comunicar sin violencia. Las teorías de comunicación no violenta aciertan cuando establecen que comunicar no es herir. Su objetivo no es saber lo que sabe el que evalúa, sino lo que sirve al evaluado. Comunicar adecuadamente consiste en el proceso definitivo de saber dar *feedback.* Si se percibe y se piensa centrándose en una conducta sin sesgos ni prejuicios, no se debe comunicar el *feedback* al ser («eres malo»), sino centrarse en lo que la persona hace («has realizado una mala conducta»), es decir, hay que dar *feedback* sin tener en cuenta nuestra valoración de la persona.

Saber percibir, pensar y comunicar es el principal entrenamiento para convertir la evaluación en un proceso útil y eficaz de apreciación de la actuación de una persona en una firma profesional.

- **Aprendizaje.** El objetivo de tener objetivos, además de obtenerlos, sin duda, es aprender para plantear nuevos y mejores objetivos. El vector de la mejoría resulta fundamental en una concepción del trabajo como un *continuum* de aprendizaje. En el momento actual, no podemos pensar en un modelo clásico que consiste en tener un tiempo para aprender y otro para ejecutar (ser aprendiz y ser profesional), sino más bien en una visión de aprendiz eterno. El aprendizaje en cualesquier momento y época conlleva una visión continua de mejora, pues el que no está en esta búsqueda continua de la excelencia se encontrará en el desierto de la obsolescencia. Y no solo hay obsolescencia de conocimientos técnicos, sino también de habilidades (aptitudes) y actitudes. Aprender basándose en la conducta realizada en la experiencia profesional es una de las metodologías más prácticas de desarrollo profesional en la empresa, no un aprendizaje de aula, sino en el terreno de las decisiones diarias.

  El aprendizaje asociado a eventos transcurridos con intervención propia supone un proceso mágico para adquirir habilidades y conocimientos. Y aprovechar la evaluación con una mirada hacia el futuro interesa más que sea un juicio inapelable sobre lo realizado. Es una filosofía más enriquecedora centrarse más en la mejora que en los datos de evaluación.

- **Alineación de propósitos.** El propósito de la empresa y de los empleados evoluciona y cambia a lo largo de las experiencias del empleado en la compañía. Por esta razón es muy importante que en estos momentos de evaluación exista un proceso de calibración de los propósitos. Qué quiere la empresa ahora y qué desea el empleado son preguntas que se deben hacer continuamente. A veces, el cambio de propósito de la compañía —que suele pasar mucho en procesos de compra, integración y venta de compañías— genera inadecuación con lo que los empleados necesitan y requieren de la organización. Igualmente, el cambio de propósito de las personas conduce a una apreciación diferente de la compañía. Por eso es importante esta calibración de deseos y exigencias.

La evaluación del rendimiento al potenciar su función de desarrollo varía su valor empresarial convirtiéndose en una pieza clave de la experiencia. En los últimos años, se ha puesto de moda la metodología OKR aplicada en las *big tech*, que no deja de ser una forma diferente de decir lo mismo: que los resultados clave son los verdaderos objetivos y que las habilidades de las personas están en la base de dichos resultados.

Gráfico 6.7 Las seis variables con las que debe considerarse la evaluación

Identificar resultados clave → Proponer objetivos C → Evaluar resultados → Dar *feedback* → Conseguir aprendizaje → Calibrar los propósitos

Un objetivo C
tiene que ser conseguible,
consensuado y compartido
(3 C)

5. Política de compensación o modelos de retribución

La compensación ha sido un área de recursos humanos superdesarrollada con técnicas más o menos sofisticadas para conseguir la retención del talento. No debemos olvidar que, como es una verdadera variable higiénica, debemos establecerla con un criterio de mínimos, una visión de necesidad y un modelo de evolución continua. Es decir, la retribución es una condición básica del trabajo, sea la generación que sea, que debe responder a necesidades de los empleados y que tiene que ir incrementándose a lo largo de la experiencia de empleado.

Compensación como condición

El salario es un valor de la significación del trabajo realizado además de un criterio competitivo. Hay que romper la visión solamente numérica del salario por su valor en la apreciación de una persona en su trabajo. Este valor psicológico es muy importante, con la forma y el procedimiento de comunicación del salario y los cambios de salario. Directa o indirectamente se pone una apreciación del valor del trabajo realizado y, por tanto, no es lo que una persona gana, sino lo que se merece ganar. El criterio del «merecer» genera una distorsión en las problemáticas salariales, donde la transparencia y los criterios objetivos se convierten en las verdaderas palancas para obtener una apreciación que se considera adecuada a los esfuerzos realizados.

La retribución es una condición necesaria pero no suficiente de una buena experiencia de empleado, pero se convierte en una losa si no se tiene en cuenta que el salario:

- Está sujeto a comparaciones sociales.

- No es importante cuando hay bienestar, pero sí básico cuando aparece el malestar.

- Se puede encontrar en el origen del malestar si no se plantea usualmente y se revisa periódicamente.

- Es la principal muestra del aprecio. El verdadero aprecio no puede pasar de tener una consideración sobre el cambio salarial que supone una buena apreciación.
  Se trata de una condición higiénica básica para cifrar el aprecio y, por tanto, no podemos darle un valor simbólico, sino nuclear. Y con transparencia y objetividad debe ser exponente fiel de un desempeño. La estructura salarial se ha de plantear con cuatro criterios:

  - Competitividad externa. Consiste en posicionar nuestra política salarial según queramos atraer talento a la empresa. Es muy importante la técnica de bandas salariales para hacer modelos customizados al mercado, a los perfiles y a la estrategia empresarial.
  - Equidad interna. Los modelos retributivos no pueden ser opacos y hay que pensar en tener criterios objetivos que definan su equidad. Ser equitativo no significa ser igual, sino responder de la misma manera a unos criterios objetivos determinados. La equidad es una cuestión de transparencia de criterios y de moderación divulgativa.
  - Evolución competitiva. Los salarios deben considerar dos modelos evolutivos que se deben acompasar:

- ○ Evolución incremental.
- ○ Evolución cuantitativa (salto cualitativo).

Lo incremental incide en el valor higiénico de la apreciación continua. En cambio, debemos tener una metodología para evaluar los cambios significativos en la experiencia de empleado y poder cifrar los momentos de evolución cuantitativa.

- – Acompañamiento emocional. Todo salario necesita ser entendido como un proceso de apreciación personal. No se puede dejar que sea un contrato determinado por un algoritmo. Este tiene que servir para estipular el mejor salario, pero siempre ha de ir acompañado de una explicación emocional que sirva como marco de compromiso.

Gráfico 6.8 Esquema de diseño de un salario

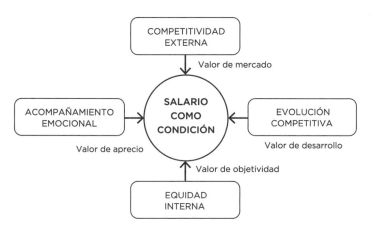

Compensación como necesidad

Las personas no viven solo del aprecio; necesitan un modelo retributivo que cubra sus necesidades. Según evolucionamos en la vida laboral, tenemos diferentes necesidades de compensación y dedicación. A partir de un momento de nuestra carrera, en general, es diferente el valor de compensación frente a la dedicación:

Gráfico 6.9 Equilibrio entre compensación y dedicación

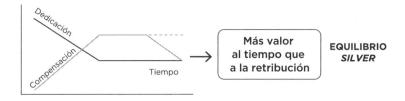

Al principio la compensación y la dedicación suelen estar desfasadas, pero según evolucionan las personas tienen diferentes valores e incluso se va apreciando más el tiempo que la compensación. Este proceso está en consonancia con las necesidades vitales en criterios generales, y debe conocerse el momento vital del empleado para apreciar su nivel de sensibilidad a una subida o no de salario.

Reconocer la necesidad de cada empleado es un dato que hay que tener en cuenta para gestionar de una manera más personalizada su salario. En este sentido, los modelos de retribución flexible suponen un gran avance en política salarial en firmas profesionales. Tener la posibilidad de adaptar el salario a los conceptos que verdaderamente importan a la persona y que refleje la necesidad de cada persona es un gran ejercicio motivador. Hay que prever un mayor crecimiento en conceptos retributivos flexibles (apoyo a personas mayores dependientes, facturas de energía, etc.) porque es la manera de especificar e influir en la necesidad personal en la distribución del salario.

Modelos de evolución de la compensación

Además de ser una condición laboral y una necesidad, casar el itinerario de desarrollo y el sistema de subida salarial es una de las fuentes motivacionales básicas. Aparte de defender un modelo de bandas salariales y evolución incremental y cuantitativa, tenemos que hacer una estructura coherente de subida salarial:

- **Subidas incrementales en el propio puesto.** En el diseño de las bandas salariales hay que tener en cuenta los diferentes niveles retributivos dentro del propio puesto. Más allá de modelos de convenio colectivo que suelen marcar un mínimo en política salarial de firmas profesionales, se deben establecer modelos de subidas incrementales en función de unos criterios. Si la antigüedad en la empresa es un criterio objetivo, pero enormemente desmotivador, el mero hecho de ser solo la antigüedad el criterio de una subida supone una visión distorsionada de medir la lealtad. La experiencia de empleado no significa empleo para toda la vida, sino que sea satisfactoria dicha experiencia mientras dure. Por eso, las subidas incrementales en el mismo puesto pueden hacer de la antigüedad una variable más, pero en combinación con otras asociadas al rendimiento, a los resultados y al desarrollo profesional.

Gráfico 6.10 Esquema de subidas incrementales

VARIABLE
CUT-OFF
(A partir de la cual)

Antigüedad
(en la empresa o en
el puesto o en ambos)

Rendimiento
Criterio: evaluación de resultados

Resultados obtenidos
KPI objetivos

Desarrollo profesional
Incremento de conocimiento
o habilidades

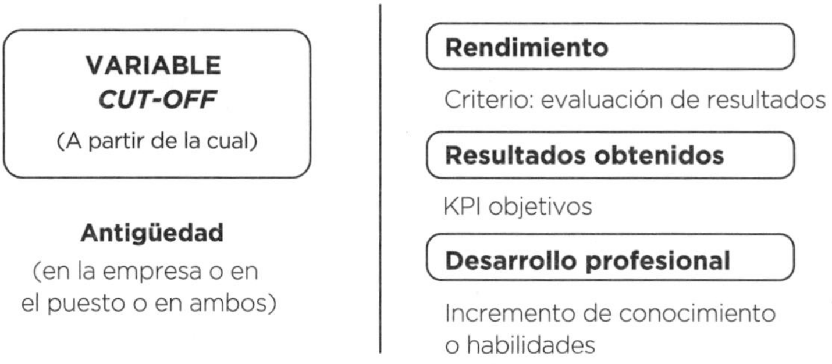

- **Subidas mutativas en distintas ocupaciones.** A lo largo de la experiencia de empleado deben existir, como en la teoría de la evolución humana, saltos cualitativos o mutativos, especialmente cuando se asigne un reto de aprendizaje cuyo coste de adaptación justifica una evolución salarial. Estos saltos cualitativos han de establecerse con tres lógicas:

  - Nivel de responsabilidad. La responsabilidad por tener un nivel de representatividad, de interlocución mayor con el cliente o de influencia en la reputación corporativa debe tener su correlato salarial.
  - Nivel de gestión de personas. La gestión de personas es un verdadero reto adaptativo. Grandes expertos pueden generar mediocres jefes. Esta tesitura clásica en gestión de personas necesita un acompañamiento formativo.

\- Nivel de impacto en la compañía. Los proyectos de impacto deben tener consonancia retributiva para dotar al riesgo de su incentivo adherido.

No podemos pensar en asumir responsabilidades, equipo y proyectos de impacto sin implicar una evolución salarial acorde con el nuevo esfuerzo.

Con esta visión del salario como condición, necesidad y evolución, se determinan las estructuras salariales fijas de una firma profesional, pero una buena estructura salarial debe contemplar:

Gráfico 6.11 Estructura salarial

La retribución variable debe cumplir los mismos criterios que la estructura salarial fija: competitividad externa, equidad interna, evolución competitiva y acompañamiento emocional, pero además ha de contemplar los resultados de la compañía.

Ligar toda la retribución variable a los resultados de la empresa supone crear una capa de desmotivación por la escasa incidencia que puede tener el rendimiento de una sola persona en los resultados globales. Pero a su vez, los resultados de la compañía son básicos para configurar una retribución variable adecuada. El modelo de variables moduladoras por los resultados de la empresa es el más adecuado. Al considerarlo un factor multiplicativo, se puede modular el nivel de:

Gráfico 6.12 Esquema de retribución variable con factor multiplicativo

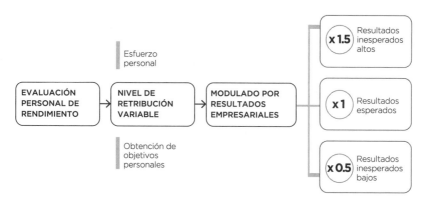

Un problema habitual en la retribución variable estriba en las diferencias de retribución en colectivos pequeños; por eso, hay que pensar esmeradamente en una política de comunicación adecuada al reparto de la retribución variable.

En retribución, los beneficios extrasalariales tienen dos niveles:

- Los que la Administración considera retribución flexible, con su correspondiente tratamiento fiscal.
- Los que dependen solo de la capacidad de la empresa.

Toda la estructura salarial (fija, variable, extrasalarial y el modelo de retribución flexible) se ve envuelta en el valor de la compensación o salario emocional. Sobre este tema se ha escrito mucho y muy diverso, pero en esencia se trata más de un reconocimiento que de un salario tal cual. La visión utilitaria del reconocimiento lleva a pensar como un salario, cuando es algo más humano, como simplemente agradecer los esfuerzos en un proyecto común. Por eso, las firmas profesionales deben reflexionar sobre el reconocimiento *per se* más allá de hacer una visión equívoca del salario emocional. Una cosa es la compensación a una aportación y otra un reconocimiento a una excelente aportación.

7
GESTIÓN DEL TALENTO: CARRERA Y CLIMA LABORAL

1. Carrera profesional

La experiencia de empleado debe contemplar unas hojas de ruta de desarrollo profesional. El término *hoja de ruta* es más gráfico que *carrera*. El posible desarrollo profesional y personal ha de ubicarse en una estructura adecuada para asumir mayores y diversos retos empresariales. El concepto *carrera empresarial* supone tener previstas posibilidades de futuro. Todas las firmas empresariales tienen que estar en continuo crecimiento si quieren disponer de retos de desarrollo para todas las personas.

El concepto de carrera profesional debe contemplar el triple crecimiento:

- Crecimiento profesional: carrera de experto.
- Crecimiento directivo: carrera de directivo.
- Crecimiento de gestión: carrera de gestión.

Pueden existir casos de convergencia de los tipos de crecimiento: mejor experto, máximo directivo y experto gestor, pero habitualmente hay que prever crecimiento diferencial según las capacidades de las personas. La variedad de carrera ofrece un mayor tablero de posibilidades para el desarrollo de las personas; no necesariamente una persona ha de ser directiva para incrementar su retribución.

Este modelo triple se refleja en:

- **Expertos.** Son personas que se perfeccionan al crecer por conocimiento sobre una materia específica. Suelen ser muy útiles en la firma profesional para asesorar al cliente por su especialización. Tener expertos bien retribuidos y asociados al desarrollo de un conocimiento es un buen indicador de evolución como firma, pero disponer de una estructura excesiva de expertos puede generar una anomia organizacional por falta de gestión y de comercialización.

- **Gestores.** En las firmas profesionales son muy necesarias las personas con visión de gestión que edifiquen sus competencias a partir de ser expertas. La cantidad de personas que son gestoras en una firma determina su nivel de crecimiento. El concepto de gestión abarca también la visión comercial. La orientación comercial y la gestión de clientes es una característica que, junto a una visión económica, posibilita la gestión de la firma.

- **Directivos.** La firma profesional puede tener expertos y gestores, pero necesita una visión más estratégica y de gobernanza. Las responsabilidades directivas suponen contar con una persona de carrera de experto o de gestor con una mayor altura de mira que plantee debates y tome decisiones no solo operativas, sino más estratégicas, que configuran el futuro de las firmas profesionales.

Los tres tipos de carreras deben tener una habilidad transversal: la gestión de personas. Toda carrera implica gestionar equipos, sean de expertos, de gestores o de otros directivos; por tanto, es básica la formación en habilidades de liderazgo y de gestión de equipos.

Para que un modelo de carrera profesional tenga éxito, ha de contemplarse:

- Diagramar hojas de ruta no por puesto sino por personas.
- Asociar trabajos retadores (proyectos, coordinación de eventos, etc.) a la carrera de las personas.
- Diseñar una formación progresiva para asumir retos mayores.
- Establecer una evolución salarial asociada a la carrera profesional.
- Orientar y asesorar a las personas en sus decisiones profesionales, que inciden en las decisiones personales, y viceversa.

Un modelo integrado de carrera debe tener un *feedback* continuo aprovechando los momentos de evaluación del rendimiento y además disponer de hitos cualitativos que sirvan para desarrollar a las personas con retos organizativos.

2. Comunicación interna y reconocimiento

La comunicación interna representa uno de los elementos clave para la gestión de los recursos humanos de la firma.

Constituye una herramienta que permite transmitir la cultura, los valores, las políticas y las estrategias entre los profesionales de los despachos. Si la comunicación es adecuada, resultará, además, un instrumento de motivación que conseguirá alinear, orientar y coordinar a los empleados hacia la consecución de los objetivos de la firma.

Por otra parte, la comunicación interna resulta esencial para disminuir conflictos e incertidumbres de los profesionales y como canal para facilitar su participación en la gestión.

En consecuencia, una buena comunicación dentro de la firma es vital para incrementar la productividad y asegurar la sostenibilidad de la organización.

Sin embargo, en muchas empresas la comunicación interna se parece más a habitaciones con espejos en las paredes en las que existen hermetismo y falta de transparencia y donde la información no se comparte por el miedo a su posible uso o interpretación en lugar de colocar ventanas por las que entre aire fresco y luz para todos. Esto genera incertidumbre, rumores y malentendidos y es un claro factor desmotivante para los profesionales.

¿Qué, cómo, cuándo, quién y a quién?

Respecto a la cuestión de «qué» comunicar, ha de distinguirse entre los mensajes relacionados con la operativa de la firma (organización del trabajo, directrices, planificación, etc.) y la llamada *comunicación corporativa,* donde se transmiten objetivos estratégicos y culturales del despacho.

En toda organización los empleados querrán tener información permanente sobre dos cuestiones: «¿cómo va la empresa?» y «¿valoran mis jefes mi trabajo y mis opiniones?». Ambos aspectos habrán de incluirse en la comunicación que periódicamente se transmita.

En cuanto al «cómo», es fundamental la coherencia y veracidad: hacer lo mismo que estamos diciendo y decir lo mismo que estamos haciendo, lo que dará credibilidad al mensaje.

El tono ha de ser firme y claro, pero no exento de componentes emocionales que logren motivar.

Sobre el «cuándo», hay que ser riguroso en los plazos y en los compromisos. Si se ha convenido mantener una reunión periódica con toda la plantilla o con determinados equipos, hay que respetarlo estrictamente. Por otra parte, se debe estar atento y ser ágil para adelantarse a posibles rumores o malentendidos.

En la comunicación corporativa es fundamental que exista continuidad, ha de ser «lluvia fina que empape», en lugar del *spray and pray* (esparce un mensaje y reza para que cale).

Respecto a «quién» y «a quién» comunicar, está en función del tipo de mensaje (operativo o corporativo), de su importancia y del alcance de sus destinatarios. En los mensajes corporativos se informará a todo el equipo profesional, mientras que los operativos se destinarán a un grupo segmentado: socios y directivos, un departamento, auxiliares, etc.

Tipos de comunicación interna

Desde el punto de vista del sentido de la comunicación, se distingue entre:

*   **Comunicación descendente.** De los niveles superiores a los inferiores. Suele provenir de los socios o directivos del despacho y

su contenido incluye información relacionada con la ejecución del trabajo o mensajes de tipo corporativo.

Cuando se pregunta a los empleados de quién prefieren recibir la información, la mayoría responde que de su jefe.

Por ello, la llamada *comunicación en cascada*, en la que cada responsable transmite los mensajes entre profesionales que de él dependen, suele representar el método más eficaz para asegurar la adecuada recepción y asimilación de la información. Para que sea eficaz, resulta fundamental que la información corporativa presente cierta regularidad.

- **Comunicación ascendente.** Proviene de los niveles inferiores a los órganos superiores de la firma y su objetivo suele estar relacionado con quejas, sugerencias, posibles inquietudes de los empleados, así como con la afirmación de la recepción de mensajes descendentes. En una organización sana, esta comunicación es vital, ya que favorece las relaciones internas, motiva a los equipos y proporciona información muy útil para la gestión de la firma.

- **Comunicación horizontal.** Se refiere al flujo de información entre profesionales o departamentos del mismo nivel.

Resulta esencial para favorecer la comunicación descendente y ascendente, ya que actúa como caja de resonancia en cada grupo homogéneo de empleados. En los últimos años, esta comunicación ha adquirido gran relevancia debido al uso de las nuevas tecnologías, donde ha encontrado un canal idóneo para su desarrollo.

La comunicación interna también puede clasificarse en formal, relacionada con criterios jerárquicos y organizativos, o informal, donde participan personas de todo rango en función de su afinidad o empatía. Esta comunicación es muy importante para la firma, ya que sirve de medio para difundir y compartir la cultura y los valores de la casa.

Gráfico 7.1 Tipos de comunicación en la firma

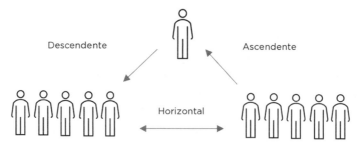

Soportes de comunicación

Los canales utilizados para difundir la comunicación interna son numerosos y complementarios entre sí y deben adaptarse al tamaño, la cultura y los recursos disponibles de la firma.

Ordenando los soportes en función de su mayor a menor uso, podemos citar:

- Correo electrónico o intranet. Tanto para la comunicación corporativa, en la que se pueden incluir desde una carta del presidente o de la Dirección hasta mensajes de los responsables directos, como para la operativa.

- Reuniones informativas. Suelen ser un canal muy eficaz al ser directo y bidireccional, pero deben planificarse y estructurarse adecuadamente y los interlocutores han de contar con cierto liderazgo y habilidades de comunicación.

- Boletines y revistas corporativas. Informan de novedades y noticias de la firma.

- Tablón de anuncios. Aunque cada vez más en desuso, continúa siendo un medio muy útil y directo para dar determinadas noticias.

- Buzón de sugerencias. Favorece la comunicación ascendente.

- Redes sociales. En ellas los empleados comparten opiniones e información sobre la firma.

- Plataformas de comunicación interna. Se han desarrollado mucho en los últimos años. Pretenden concentrar todos los temas de comunicación interna en un solo lugar. Incorporan noticias de la firma, chats internos, ventajas sociales, reconocimiento, evaluaciones, opiniones, etc.

Distorsión de la comunicación: el rumor o radio macuto

En ocasiones debido a la escasa comunicación o al uso indebido de canales o interlocutores o como consecuencia del exceso o de la saturación de información (un ejemplo claro es el abuso del correo electrónico), aparece el rumor, o lo que coloquialmente todos conocemos como radio macuto.

Cuando se tiene conocimiento de estos ruidos infundados, han de tratar de atajarse y controlarse lo antes posible, y para eso el mejor antídoto es la comunicación, tanto formal como informal. Un exceso de este tipo de situaciones puede ser indicativo de problemas de clima laboral y de claros fallos en la comunicación, tanto ascendente como descendente.

Liderazgo y comunicación

Ambos conceptos son inseparables. Difícilmente puede existir un líder que no se comunica con sus equipos, tanto para motivarlos como para escucharlos.

Se distinguen tres modelos de liderazgo en cuanto a la comunicación interna:

- **Modelo autoritario.** Absolutamente trasnochado, en él imperan el hermetismo y la falta de transparencia, ya que se considera que la información es poder. Constituye el llamado *liderazgo dominante,* cuya eficacia depende de la autoridad coactiva.

- **Modelo propagandístico.** Se utiliza la comunicación como medio de difusión de los éxitos de la firma, de sus socios y de sus directivos. Es un liderazgo paternalista y su eficacia depende de la capacidad de persuasión de los líderes.

- **Modelo receptivo.** En él fluye la comunicación bidireccional y existe una gestión de la motivación y la participación. Se trata de un liderazgo integrador y dinamizador y sin duda es el mejor referente para el desarrollo de la firma y sus profesionales.

Reconocimiento emocional

Una parte del llamado *salario emocional* es el reconocimiento a los equipos.

Valorar, motivar y destacar la labor de los equipos profesionales permite que la firma los mantenga cohesionados y comprometidos. Para que dicho reconocimiento pueda llevarse a cabo, es necesario que la comunicación entre los líderes y sus equipos sea fluida, se organicen reuniones periódicas de seguimiento y evaluación y se utilicen herramientas tecnológicas que faciliten el proceso y establezcan un sistema de recompensas.

La implementación de un modelo de reconocimiento a los equipos permite:

- Incrementar la fidelización de los profesionales.

- Mantener un buen clima laboral.

- Mejorar la colaboración y el trabajo en equipo.

- Construir relaciones más sólidas entre equipos y con la firma.

- Alinear objetivos y estrategias.

- Potenciar la cultura de la firma.

El agradecimiento, tanto público como privado, y la valoración y el elogio al trabajo bien hecho representan en muchas ocasiones un estímulo extraordinario. Este reconocimiento conlleva un plus de motivación y bienestar para el equipo.

3. Reconocimiento de los empleados

La gestión de las personas en una empresa empieza y acaba con un adecuado modelo de reconocimiento, en algunas ocasiones sin repercusiones salariales y en otras sí. Este modelo, que algunos llaman *salario emocional,* se estructura en una visión de agradecimiento a las contribuciones. Muchas veces nos encerramos en la contribución de las personas dentro de la esfera de las obligaciones sin pensar que un buen reconocimiento al trabajo diario realizado es una buena compensación emocional. Compensar no es un salario, sino reconocer un esfuerzo efectuado para realizar un trabajo bien hecho.

Los modelos de reconocimiento son variados, pero siempre pasan por considerar a las personas como un fin; el reconocimiento tiene impacto dentro de los equipos y otorga prestigio a los que lo obtienen.

El reconocimiento debe basarse en unos principios evidentemente éticos a la hora de aplicarlo con transparencia y sinceridad. Reconocer es un acto humano de enorme impacto si se hace:

- Con el único fin de aportar una sincera opinión sobre la excelencia de una buena actuación o la superación de una situación inadecuada.

- Con conocimiento del reconocimiento por parte de los equipos más cercanos fundamentalmente, pero también en toda la empresa e incluso externamente. El reconocimiento interno de una buena actuación en un cliente es muy poderoso, e igualmente transmitir un reconocimiento del cliente al empleado.

- Con repercusión de prestigio en la imagen cultural de la empresa, pues la utilización de ejemplos vivientes siempre genera un proceso de identificación y emulación por parte de otros empleados.

El reconocimiento no se cifra por lo material del premio, sino por su simbolismo. Por eso es muy importante el desarrollo de un *storytelling* adecuado y responder a las preguntas básicas de todo reconocimiento:

- ¿Por qué se reconoce? Por su excelencia, por ser único, por ser actor de un esfuerzo excelso.

- ¿Para qué se reconoce? Para conseguir emulación de esa conducta, para que otras personas aprendan vicariamente de ella.

- ¿Qué se reconoce? Hay que ser específico en el objetivo del reconocimiento para evitar equívocos y una transparencia inadecuada.

- ¿Cómo se reconoce? Las formas del reconocimiento son fundamentales por la raíz emocional de esta acción. Muchas veces una buena intención por falta de estilo se queda en un inoperante intento motivacional.

- ¿Cuándo se reconoce? El momento del reconocimiento siempre ha de ser cercano a la emisión de la conducta y tener pertenencia con el momento histórico.

- ¿Cuánto se reconoce? La medida adecuada del reconocimiento para que no sea desfasado es la recompensa al acto.

Un buen plan de reconocimiento debe tener en cuenta la importancia de influir comunicacionalmente. La informalidad, inmediatez y entrañabilidad son características diferenciales de un buen proyecto de reconocimiento.

4. Clima laboral: compromiso y bienestar

El concepto *clima laboral* surgió en la década de 1970 con una visión analítica a través de la utilización de encuestas de clima laboral. Ha evolucionado abarcando cada vez nuevos conceptos que lo han hecho más completo:

Gráfico 7.2 Evolución del concepto del clima laboral

Estos últimos conceptos de bienestar han sido completados con las encuestas de riesgos psicosociales que se han hecho desde el área de Salud laboral, pero con la diferencia de que la visión de bienestar asume criterios de satisfacción y compromiso que no tienen las encuestas de riesgos psicosociales.

Actualmente es adecuado tener un indicativo del estado de bienestar de los empleados a través de tres propuestas básicas:

Gráfico 7.3 Evolución de los niveles

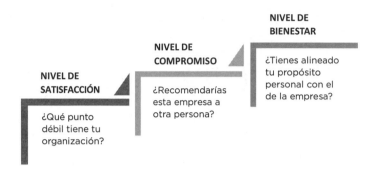

Esta evolución se acompaña con la crítica a los modelos de encuesta y la mayor utilización del *big data* para disponer de datos interpretativos de cómo se encuentra la persona en su relación con la compañía. La visión cuantitativa de obtener un dato comparativo que explique cómo se encuentra el nivel de satisfacción con la empresa de las primeras encuestas sobre clima laboral ha pasado a la historia. Principalmente por la evolución del concepto satisfacción, al principio se buscaba y se preguntaba por factores higiénicos (retribución, horarios y espacio de trabajo), y era un proceso maquiavélico que llevaba a los empleados a utilizar las encuestas como vehículo expresivo de frustraciones con la empresa.

A principios de la década de 1990 empezó a cambiar el centro de atracción de esta medición hacia preguntas más psicológicas, donde ya no se preguntaba tanto sobre las condiciones laborales, sino sobre el nivel de compromiso con la organización, dejando algunas preguntas de satisfacción. Este proceso generó que la encuesta fuera menos utilizada como paño de lágrimas y la búsqueda de los verdaderos factores que incidían en el incremento del compromiso con la empresa. No se preocupaba tanto de la satisfacción específica (concepto clima como contexto variable) como de un compromiso cultural (compromiso con los valores de la compañía). Y a partir de la década de 2010 comenzaron a emerger preguntas que además del compromiso buscaban reconocer los factores que producen malestar; ya no solo se preguntaba por la satisfacción y qué hace comprometerse, sino también por el bienestar en este ecosistema empresarial.

Gráfico 7.4 Síntesis de clima laboral

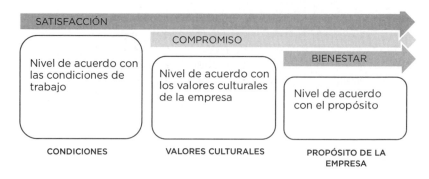

Actualmente se intenta analizar los tres conceptos, pero teniendo en cuenta:

1. Que lo importante no es un número (cuantitativo), sino los porqués (cualitativos), ya que hemos pasado de criterios más objetivables (salario) a otros más subjetivos (propósito).

2. Que la metodología de encuesta, con sus inconvenientes por la diversidad etológica de las opiniones, conllevaba un sesgo en las contestaciones. Por tanto, la utilización del *big data* y mezclar variables permiten tener más información y menos sesgada.

3. Que la apreciación de conceptos como compromiso y propósito es menos coyuntural que las condiciones de satisfacción y, por tanto, con menos necesidad de medición temporal, lo que permite pasar de encuestas en un tiempo predeterminado a un proceso de estimación continua a través de indicaciones determinadas por el *big data*.

Estas razones no condicionan la necesidad de comprobar con datos reales a partir de indicadores de compromiso y bienestar para poder analizar la evolución del compromiso y el bienestar. Cruzar la información en KPI con las razones de salidas de las personas es una evaluación 360° de los jefes de un área que puede ser más identificativa que una encuesta que pregunta cómo es el jefe, de la que se espera una sinceridad cuestionable.

5. Desvinculación laboral (*offboarding*) y recolocación (*outplacement*)

En un modelo de experiencia de empleado tan importante es el proceso de salida de las personas como el de entrada. Saber gestionar adecuadamente la salida de las personas es tan relevante en la experiencia de la propia persona como en el efecto que genera en los demás empleados. Además de los aspectos de comunicación, hay que considerar cuatro situaciones habituales de desvinculación:

* Jubilación (con una variante, la prejubilación).

* Despidos colectivos: expediente de regulación de empleo (ERE) (con la mente de ERTE).

* Despidos.

* Salidas voluntarias.

En cada situación hay que trabajar desde la firma profesional de una manera diferente pero siempre teniendo en cuenta que el *alumni* (exempleado) es un foco de imagen y de compromiso (bienestar) con la empresa. No debemos caer en la idea clásica de que, una vez que el empleado se va, no implica nada en el bienestar de los que se quedan, y principalmente se consideran en el *employer branding* de los futuros candidatos.

La jubilación es un proceso natural pero que tiene las siguientes características en el mundo de las firmas profesionales:

* La dosis de trabajadores del conocimiento es mayor, y la evolución demográfica determina la resistencia a jubilarse de los empleados. Esta resistencia posibilita medidas de flexibilidad de adhesión posjubilación.

* La jubilación, si no se prepara psicológicamente, supone un parón brusco no solo de actividad, sino también de responsabilidades. Esta realidad no gradual incide mucho en el bienestar de los empleados.

* El edadismo que veremos en la diversidad generacional incide en crear tensiones de bienestar para el proceso transformacional

que supone la digitalización. Este prejuicio genera falsas visualizaciones sobre las aportaciones diferenciales generacionales.

Los procesos de prejubilación deben ser objeto de un análisis todavía más profundo porque se agudizan por la edad más temprana y por el aseguramiento económico. Ayudar en esta transición con planificación financiera, asesoramiento personal y flexibilidad gradual es una buena medida del propósito de la empresa. La firma profesional debe saber transaccionar a las personas no como recursos que se están quedando obsoletos, sino como personas que han significado parte de su historia. La preparación psicológica a la jubilación es fundamental para obtener bienestar en el exempleado que va a seguir transmitiendo una adecuada imagen de la empresa.

Un tratamiento distinto es el de los ERE por su estructura de salida involuntaria simplemente por una edad o por un criterio organizativo. Los criterios negociados con la parte emocional en estas situaciones generan una prueba de estrés de la gestión de personas con la empresa. Los ERE son un problema social y su gestión está muy vinculada al compromiso y el bienestar en la compañía. Gestionar estos procesos implica poner el foco fundamentalmente en estos aspectos:

- La explicación del porqué y el para qué previamente a la negociación es la principal preocupación. La transparencia en los motivos es básica para entender el proceso posterior. Muchas veces se va al cómo (cómo quedo) sin prestar tiempo ni dedicación a los motivos.

- Desarrollar el proceso de negociación con respeto de ambas partes y asumir flexibilidades de posturas tiene por objetivo conseguir el fin.

- Primar los criterios de equidad una vez elegida la opción negociada con la parte social implica tener una doble visión: colectiva, de alcance, en la que destaca la bondad para la empresa y para la mayoría de los empleados; y fundamentalmente individual, de cada persona involucrada en el expediente.

- Involucrar al resto de los empleados como actores en el proceso del expediente es una medida de cirugía para salvar a la empresa y no debe centrarse antes de tiempo en el futuro cuando los empleados se encuentran todavía en el duelo del proceso de desvinculación.

Desde una visión de relaciones laborales es un proceso más técnico y pautado, pero para el bienestar debemos pensar como en toda situación de cambio provocado por el entorno, y hay que responder no solo con las leyes, sino también con una consideración humanista en un proceso estresante que es esta experiencia de empleado. En nuestro país, durante la crisis de la COVID-19 se popularizaron los ERTE (expediente de regulación temporal de empleo), lo que resultó sin duda un gran proceso para salvar empleos que varía mucho de la situación del ERE. Su temporalidad implica su necesidad excepcional para su petición como un bien para el empleado. Pedir lo antes posible un ERTE posibilita evitar en el futuro un ERE.

En estos procedimientos quedan muy rebajados los planes sociales de recolocación, que se convierten en procesos solo para cumplir y pierden su objetivo social, que implica la recolocación desde el reciclaje formativo; suelen ser objeto de crítica por su operatividad formal, que no implica un verdadero impulso de empleabilidad de las personas involucradas.

Respecto a los despidos como forma de desvinculación, cabe decir que cualquier proceso no voluntario de salida de índole individual implica desafección. Estas decisiones, aunque sean muy justificadas, necesitan una gestión adecuada para evitar impacto empresarial. Tanto si se resuelve amistosamente como si se judicializa, necesitamos un proceso de triple enfoque: legal, económico y psicosocial. Los principales procesos de despido necesitan:

- Una explicación justificada de las razones no solo para actuar legalmente, sino fundamentalmente para asumir una decisión razonada.

- Un encuadramiento legal adecuado para tener todas las salvaguardas legales y evitar el malestar por equivocaciones legales que se produce en el bienestar de los demás empleados.

- Una comprensión psicológica que implica una desafección por una de las partes, que supone respeto por la asimetría de un despido y cumplimiento estricto de la legalidad.

- Una compensación económica adecuada a los recursos legales, siendo conscientes de que la generosidad de parte puede implicar una adecuada forma de zanjar tensiones, siempre que no exista una situación desequilibrada por intereses de parte.

Los despidos individuales son otras pruebas de test, más localizadas que los despidos colectivos, que necesitan gestionarse técnicamente. Hablar de los despidos es perder una de las partes de una experiencia de empleado; toda experiencia empieza, se desarrolla y se acaba. Y esta forma de finalizarla es porque siempre la experiencia se basa en la alineación de partes, es decir, que una de las partes, en este caso la empresa, decide desalinear los propósitos por considerar que el empleado no aporta a su propósito como compañía porque está obligada a hacerlo. En esta situación, son fundamentales las entrevistas de salidas como instrumento de *feedback* del bienestar o malestar que reflejan estas salidas. Hay que tener en cuenta los siguientes puntos:

- En toda salida voluntaria hay razones de malestar con la empresa, aunque lo vistamos con que solo es una cuestión de dinero.

- Las razones económicas suelen ser el detalle que precipita otras con causas interrelacionadas con esta decisión. En la mayoría de las ocasiones son varias las causas que hacen tomar la decisión de salida.

- La habitual expresión «es el jefe quien hace que una persona se vaya» es cierta en parte, pues cualquier desafección suele estar relacionada con el jefe, pero no suele ser una causa única. Es básica la relación jefe-empleado también porque incide en otras causas menos manifiestas.

- La salida implica ruptura, y por tanto hay que buscar para el bienestar en la empresa una relación adecuada y correcta para evitar alarmarnos en el clima laboral y mesurar reacciones que quiten mérito a la persona que elige irse.

Cualquier experiencia o relación necesita una alineación de propósitos que puede romperse en cualquier momento en ese sentido; tenemos que relativizar tal ruptura en sí sin dejar de analizar las causas que la motivan. La rotación no deseada puede convertirse en un proceso de sanación de la empresa porque no todos los empleados deben tener una lealtad inquebrantable si hay ruptura de acuerdo en los propósitos. Si no tenemos una rotación no deseada adecuada, podemos degenerar en una sociopatía, como la retención indeseada, y la falta de rotación deseada. Es decir, tener una mínima dosis de salida de personas cuyo propósito ya no se identifica con la compañía es mejor que tener a personas sin compromiso pero que no desean rotar.

Las firmas profesionales deben apostar por una visión de ayuda frente a decisiones de desvinculación no deseada. Los procesos de *outplacement* posibilitan generar una visión de bienestar por dicha ayuda al resto de los empleados, lo que puede ser útil para pasar el duelo de la pérdida de empleo y una gran ayuda para la empleabilidad en el momento de confusión y de pérdida de autoestima que significa una desvinculación.

El *outplacement* individual, a diferencia del colectivo, puede tener un enorme capital de bienestar en la empresa:

- Por combatir decisiones de naturaleza organizativa y al no ser despidos por rendimiento, sino por el lugar que se ocupaba en la empresa, necesita un apoyo palpable de ella.

- Porque el duelo suele ser fuerte cuando se ha roto el vínculo del compromiso cuando estaban alineados los propósitos.

- Porque las personas suelen interactuar diariamente con las personas que se quedan en la empresa.

- Porque necesita una mirada externa que ubique adecuadamente el sentir de las personas y analice racionalmente la situación que tiene.

- Porque todo proceso de búsqueda de empleo implica un gran uso de energía y necesita un acompañamiento para evitar los desalientos lógicos que implica la dureza de buscar nuevos trabajos.

- Porque cuando existen edades más altas suele darse una respuesta edadista en la empresa, y debemos acompañar para que la persona pueda sentirse no discriminada por cuestiones de edad.

Igualmente, que una experiencia de empleado empiece cuando la persona aún no ha pensado en ser candidata dice mucho de una firma profesional cuando recibe comentarios o imágenes positivas de exempleados.

Con nuestro modelo AGAD hemos cubierto la atracción y la gestión, las dos primeras partes que dotan de personas y nos hacen gestionarlas cada día. En los siguientes capítulos desarrollaremos la A de asesorar y la D de desarrollar, que es la parte que crea más bienestar. Si la atracción y gestión son condiciones necesarias, el asesoramiento y el desarrollo de las personas se convierten en condiciones de crecimiento.

Decía Steve Nobel en su libro *Deja de sufrir en el trabajo* que debemos reinventar nuestra relación con el trabajo para poder ser nosotros mismos, superar nuestras creencias y aumentar nuestros recursos. No dudemos de que el bienestar necesita conocer el malestar.

8
ASESORAMIENTO: DIVERSIDAD Y ATENCIÓN

1. Modelo de DEI

En el modelo AGAD abordamos la segunda A fundamental para conseguir un mayor nivel de bienestar. Si atraer y gestionar son funciones básicas para tener disponible el talento, este talento necesita de un proceso de asesoramiento y desarrollo para ser retenido y hacer que crezca en un entorno social que pide la igualdad de oportunidades como anclaje cultural. Si en la experiencia de empleado solo potenciamos las dos primeras partes del modelo, tendremos talento y este va a sentirse adecuadamente gestionado, pero le faltará la capacidad de adaptación y de desarrollo que tanto incide en la involucración y compromiso de los empleados.

El asesoramiento, para la gestión de personas, es una función que nos permite adaptar y acomodar las inquietudes y necesidades de las personas a los retos empresariales. Asesorar asume una nueva función, no se trata solo de atraer y gestionar, sino también de desarrollar un rol de orientación y adecuación de las personas en función de su diversidad.

La esencia de las políticas de DEI (diversidad, equidad e inclusión) consiste en atraer, gestionar y desarrollar las personas con tres ámbitos conceptuales:

- **Diversidad (D).** La diversidad es una característica humana por los entornos determinados desde nuestro origen. La riqueza de la diversidad plantea que la realidad no es unidimensional, sino poliédrica y supone que cada persona tiene una perspectiva diferente:
  - Por su percepción distinta de la realidad.
  - Por su cognición diferente de un mismo dato.
  - Por su comunicación heterogénea para explicar un mismo concepto.

- **Equidad (E).** Esta diversidad debe tener una garantía de igualdad de trato en todos los procesos y oportunidades que se dan en la empresa. La igualdad de oportunidades no implica la homogeneidad de las personas, sino de aceptar la riqueza de la diversidad para tratar a todas por igual frente a una decisión empresarial.

- **Inclusión y orgullo de pertenencia (I).** La igualdad de lo diverso debe englobarse en un sentimiento de pertenencia común a todos los empleados de la empresa. Este sentimiento permitirá que todo el mundo en la empresa se sienta cómodo cuando muestre sus opiniones divergentes por su visión diversa.

Los modelos DEI valoran a cada persona *per se*, con independencia de la diversidad que cada uno represente, ya que se les tratará por igual y tendrán el mismo derecho a ser empleados y podrán expresar su orgullo de pertenencia a la empresa. Ser una empresa DEI permite integrar lo diverso con igualdad para que todos defiendan un proyecto común.

Antes de contar las políticas DEI que son la base del asesoramiento en una empresa, es interesante analizar estos conceptos en profundidad.

Diversidad

La diversidad poliédrica se puede representar en un modelo de 8 tipos de diversidad:

Gráfico 8.1 Modelo Auren de los 8 tipos de diversidad

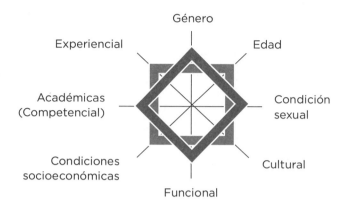

Género

Experiencial

Edad

Académicas
(Competencial)

Condición
sexual

Condiciones
socioeconómicas

Cultural

Funcional

Analizar tu nivel de diversidad no se trata solo de cuantificar el nivel interno, sino de comparar el nivel de competitividad en el que se encuentra gracias a haber introducido en la experiencia de empleado la riqueza de la diversidad que tiene la sociedad. Si la empresa quiere competir globalmente debe contar en su plantilla con una verdadera muestra demográfica que represente a la población de sus clientes y disponer de las percepciones, cognitivas y comunicaciones diversas de la sociedad.

La diversidad de sexo o de género es el debate más actual, debe contemplarse dentro de una concepción socioeconómica, ya que la mayoría de los clientes son de sexo femenino, pero es minoritaria la presencia directiva (ejecutiva) de mujeres, por tanto, donde se considera la perspectiva de género. La diversidad se puede dar, pero no significa tener igualdad, la distribución asimétrica de mujeres en puestos más operativos y los hombres en los puestos de mayor nivel puede significar diversidad a nivel macro, y no obstante perpetuar la visión de un solo género en una actuación micro.

La diversidad en edad también es una realidad social, las diferentes generaciones que conviven en la empresa y más en un momento histórico de prolongación de la edad de jubilación, lo que nos llevaría a aceptar que esta diversidad es natural, pero lo que suele pasar es que las políticas de acuerdo social apoyen sistemáticamente las prejubilaciones y provoque un sesgo en los momentos de contratación (directamente relacionado con la idea de que las personas de mayor edad tienen menor nivel de digitalización) y se producen distorsiones en la diversidad por edad.

La diversidad por condiciones sexuales debe ser un reflejo social y evitando situaciones de malestar por fobias contra condiciones históricamente no consideradas como normales. La heterogeneidad de manifestaciones de condiciones sexuales nos posibilita la integración y desarrollo de talento que rehúye de unas visiones discriminatorias a la hora de considerar el género.

La diversidad cultural es un clásico de la riqueza empresarial siempre que intentes dar una respuesta globalizada como empresa vas a tener personas de diferentes culturas, creencias e, incluso, nacionalidades. Esta diversidad antes de todo crea la posibilidad de entender formas distintas de hacer y concebir la realidad y aporta la riqueza de la variedad a la hora de entender otras formas de hacer negocios.

La diversidad funcional abarca el mundo de la discapacidad y de las personas que necesitan apoyos para integrase en una empresa. Los colectivos con minusvalía pueden incurrir una visión cultural muy fuerte de inclusión y aporta grandes entornos inclusivos como elemento deferencial de una empresa social.

La diversidad del origen y las condiciones socioeconómicas generan una visión adaptada de la empresa a situaciones sociales distintas. Contemplar la desigualdad social dentro de la misma puede enriquecer las soluciones que presenta la empresa a la sociedad al considerar todas las realidades que componen la misma.

La diversidad académica y, por ende, competencial se refiere a diferentes históricas de aprendizaje que implica tener entornos y estilos diferentes de aprendizaje. Estas historias de aprendizaje diferentes implican la disposición de una gama más variada de competencias, lo cual nos permite analizar la realidad, pensar las soluciones y comunicar de forma diferente.

Y, por último, la diversidad experiencial que plantea integrar las enseñanzas diferentes que implica tener experiencias previas de la persona que la componen, siguiendo visiones singulares propias de un ámbito sectorial o que abarca otras experiencias de otros entornos.

La matriz de diversidad conlleva analizar diferentes tipos de colectivos sociales que tenemos que considerar por cada persona, en ese sentido todas las personas tenemos un algoritmo de diversidad.

Gráfico 8.2 Ejemplo de algoritmo de diversidad

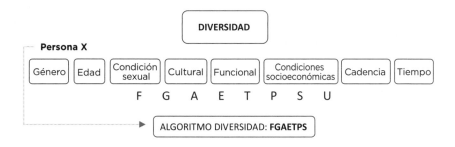

El valor de la diversidad implica tener talentos diferentes que nos permiten tener percepciones distintas. En los análisis de la psicología cognitiva podemos considerar los seis pasos que tiene un proceso típico de toma de decisiones y observar las diferencias según tu algoritmo de diversidad.

Gráfico 8.3 Diversidad y toma de decisiones

Como indica este proceso las diferencias aportan a la empresa de competitividad pues gracias a ellas disponen de múltiples formas de actuar y evitan visiones más encerradas en un género, en una generación, en una cultura o en unas determinadas carreras académicas.

Las firmas profesionales deben avanzar en:

- Incorporar liderazgo femenino en sus órganos de gobernanza.

- Disponer de un abanico amplio de talento intergeneracional.

- Defender la inclusión de los diferentes colectivos sexuales.

- Integrar personas de diferentes países y de culturas.

- Incluir a las personas con disfunción funcional dentro de sus equipos.

- Posibilitar el acceso de personas de entornos socioeconómicos distintos.

- Contemplar la disposición de diferentes titulaciones académicas e incluso integrar personas sin tener titulación.

- Integrar personas que vengan de distintos sectores o con experiencias diferentes para enriquecer el factor experiencial.

Una estrategia de experiencia de empleado con política DEI dota a la empresa de una plantilla de una variada matriz de diversidad que le permite disponer de talento para afrontar los cambios y necesidades tan diferentes que supone el entorno actual.

Equidad

Tras aceptar la bondad de la diversidad se nos plantea el reto de la equidad para respetar lo diverso, pero siendo justo a la hora de tomar decisiones empresariales. En esta igualdad hay que trabajar tres conceptos:

- **Discriminación positiva.** Adaptar los procesos a la diversidad puede implicar a apostar por discriminar a favor de una persona de un determinado colectivo. El debate de la discriminación positiva que tantas polémicas ha generado en la igualdad de género es un proceso habitual para equilibrar la desigualdad que supone la existencia histórica de una discriminación negativa. Compensar con un sobreapoyo al colectivo que tiene unas condiciones no igualitarias en su origen siempre genera conflictos, pero es necesaria para compensar la desigualdad de trato. De aquí, la importancia de su temporalidad y la explicación racional de estas medidas discriminatorias para incluir un determinado colectivo.

- **Evolución en la equidad.** Toda medida dirigida a conseguir la equidad no va a ser efectiva inmediatamente por todas las condiciones previas, sino que tenemos que aceptar un tiempo de transición. En muchas ocasiones, la equidad necesita un tiempo de maduración y no podemos imponerla cuando la evolución social todavía no está preparada para dicha situación. Debemos acompasar los ritmos de cambios empresariales a los verdaderos cambios sociales.

- **La equidad como medio.** El fin no es conseguir la equidad, sino que la diversidad de las personas florezca en igualdad. Muchas veces, lo equitativo se convierte en la lucha de los empleados cuando es una condición higiénica, pero lograr equidad no significa que se pueda conseguir una mayor productividad. La equidad es un medio para que nadie con talentos diferentes no quiera aportar y desarrollar en su empresa.

La equidad es el paso necesario que hace que las personas aporten desde su diversidad y podamos incluir en una misma cultura que facilite su compromiso. La equidad no es buena *per se,* sino por la percepción que da a los empleados de una cultura que merece la pena trabajar en ella e involucra su talento diferente.

Inclusión y orgullo de pertenencia

La cultura inclusiva que respeta la diversidad y apuesta por la equidad nos plantea un ecosistema propio para el desarrollo del talento. La inclusividad genera un sentimiento de pertenencia que genera un enorme orgullo. La vivencia individual de la inclusión supone las circunstancias para vivir con orgullo la experiencia de empleado, teniendo en cuenta que cada persona expresa el orgullo de forma diferente, por ejemplo:

- Lo inclusivo se muestra en la comunicación espontanea de los empleados. Hoy día, en las redes sociales es donde mejor se aprecia este orgullo no mediatizado por discursos oficiales.

- Lo inclusivo se muestra en las actividades informales de la empresa cuando en entornos ajenos a la formalidad empresarial se puede observar al orgullo que tienen los empleados para la firma profesional.

- Lo inclusivo se observa en las recomendaciones para trabajar en la empresa donde se trabaja. Desde el campo de la experiencia de cliente hemos traído el concepto que se denomina NPS (*net prometer score*), es un indicador que se ha pasado de este mundo del cliente al mundo de la experiencia de empleado, teniendo en cuenta que hay tres tipos de clientes y en este caso de empleados:

- Promotores: recomendarían trabajar en la firma profesional.
- Detractores: no recomendarían trabajar en la firma profesional.
- Pasivos: indiferentes ni recomiendan ni no recomendarían.

Esta medida de NPS que se planteó en el año 2003 (Frederick F. Reichheld) es un indicador sencillo, de fácil interpretación y comprensible. No obstante, es una medida muy limitada y no evita la aparición de otras variables mediadoras y, por tanto, no nos sirve como única herramienta para medir el orgullo de pertenencia.

Clasificar a los empleados por sus NPS puede dar situaciones que analizar y en las que debemos saber responder a las siguientes preguntas.

- Si la mayoría son indiferentes o pasivas, ¿significa que no hay orgullo de pertenencia?
- Si la mayoría son detractores, ¿significa que en vez de orgullo hay una desafección con la empresa?
- Si la mayoría son promotores, ¿significa que hay un gran orgullo de pertenencia?

En fin, la medición a través de índices indirectos del orgullo de pertenencia no implica que la cultura inclusiva exista, por tanto, es muy difícil medirla. Lo cierto es que dicho orgullo es necesario para cualquier firma profesional porque influye esencialmente en el clima laboral y facilita el bienestar en la empresa. El orgullo de pertenencia a una firma como debe ser un valor cultural para cada una de las personas que compone la empresa.

El modelo DEI de la experiencia de empleado nos permite asesorar a cada persona teniendo en cuenta su diversidad, establecer medidas de equidad y potenciar el valor de la inclusividad como criterio de un orgullo de pertenencia.

A continuación, vamos a analizar tres situaciones de enorme problemática en la actualidad: el liderazgo femenino, el edadismo y la integración cultural. Y, para terminar el capítulo, también vamos a analizar la atención del empleado como servicios que posibilitan asesorar adecuadamente los empleados.

2. Igualdad de género: planes de igualdad

Desde el año 2007 se empezó a publicar una legislación para fomentar la igualdad entre hombres y mujeres en las empresas españolas. Este correlato legal respondía a la profunda desigualdad en cargos directivos que sufren las mujeres y planteaba una serie de medidas de discriminación positiva para obtener una determinada equidad y, por tanto, fomentar la inclusividad del talento femenino en la empresa y especialmente en cargos directivos.

En este momento, después de más de 25 años seguimos teniendo desigualdad, aunque con una evolución en la dirección adecuada, pero con un ritmo no tan rápido como se había previsto. Además de la lentitud, tenemos que pensar que el fin no es buscar la igualdad, sino incluir el talento femenino. De hecho, la inversión social en educación superior de la mayoría poblacional que supone el género femenino se desperdicia al impedir que este talento acceda a puestos directivos y, además, supone un agravio social en el bienestar del talento.

El cambio social va encaminándose, pero la legislación sobre igualdad ha sido determinante en la concienciación hacia esta. Más allá de su parafernalia de negociación y acuerdo debemos plantearnos que los planes de igualdad en los últimos años han posibilitado:

- El incremento de mujeres en puesto directivos.
- La concienciación del liderazgo femenino.
- La formación en igualdad.
- La preocupación por la equidad salarial por géneros.

No obstante, estos avances deben contextualizarse con los mecanismos psicológicos que son los verdaderos artífices que impiden la igualdad en las formas profesionales:

Sesgos cognitivos

Desde el ámbito de la psicología económica, el psicólogo Daniel Kahneman definió estos sesgos cognitivos que se aplican (muy adecuadamente) al mundo de la diversidad. Son distorsiones que influyen en nuestra conducta de una manera inconsciente y hacen analizar la realidad con:

- Percepciones típicas de la realidad según su identidad de género.
- Pensamientos que respondan a la lógica preestablecida sobre su identidad de género.
- Discursos con expresiones que encierran una forma de pensar no diversa y genera rechazo a la gente diversa.

Según Daniel Kahneman, en algún sentido, el bienestar de las personas de otros géneros responde a la consideración de ocho tipos de sesgo.

- **Sesgo exceso de optimismo.** Sobrevaloramos lo que se considera nuestro (propio del género) e infravaloramos lo no nuestro (otro género). Este fenómeno que en psicología se llama atribución, y consiste en conferir capacidades y actividades diferenciables por el mero hecho de ser de un género. Esta generalización de valores por ser de una determinada identidad sea femenina o sea masculina es uno de los principales sesgos, estas ideas preconcebidas se disparan simplemente con la presencia de dicho género.

- **Sesgo heurístico de afecto.** Siempre lo emocional condiciona lo racional. En la identidad de género intentamos buscar justificaciones racionales para un sentimiento o emoción que tenemos. Muchos autores lo denominan niebla mental porque incorpora la emoción a un razonamiento y se transforma en una lógica de identidad. Aquellas emociones asociadas a la identidad de género suelen ser muy acusadas y obnubila cualquier intervención racional.

- **Sesgo de saliencia.** Las experiencias significativas y memorables en relación con la identidad de género se suelen extrapolar a cualquier situación que involucre determinado género. Estos mitos experienciales condicionan la percepción, cognición y conocimiento entre los diferentes géneros. Para este sesgo hay una explicación neurocientífica, el cerebro es un órgano adaptativo orientado siempre a la supervivencia y además es el órgano que más energía consume al día, por tanto, para sobre-vivir se plantea un ahorro energético cuando pensamos. Este ahorro se basa en las experiencias anteriores que se utilizan para tener un pensamiento automatizado y este automatismo introduce sesgos en la diversidad de género, actuamos como esclavos de nuestras experiencias y ahorramos tener que pensar originalmente ante una situación de género.

- **Sesgo de confirmación.** Siempre estamos buscando la profecía autocumplida para llenarnos de razón y quedar como el autor original de la idea. La famosa expresión «si ya lo decía yo...». Este sesgo es un estereotipo que incide plenamente en la igualdad de trato, ya que nos predispone a buscar justificaciones en la realidad para tener la confirmación de las ideas preestablecidas por tu identidad de género.

- **Sesgo de disponibilidad.** En la mayoría de las situaciones sobre la identidad de género no disponemos de la suficiente información para tomar una adecuada solución. Obtener información significativa es uno de los trabajos más exhaustivos y, por tanto, el cerebro suele elaborar inferencia plausible donde la información no es posible. El mayor esfuerzo que implica tener riqueza informativa debe conseguirse a partir de:
  - Cantidad de información.
  - Calidad de información.
  - Diversidad de información.

  Con este esfuerzo se puede superar los estereotipos de género.

- **Sesgo de anclaje.** En nuestra historia de aprendizaje se está instalando una serie de creencias limitantes en cuanto al género. Estas creencias influyen en como interpretamos, pensamos y comunicamos la realidad actual en relación con el género. El éxito y la capacidad de evocación de un hecho histórico enclavado en nuestra forma de pensar no implica su validez interpretativa en la realidad actual.

- **Sesgo de efecto halo.** Las ideas propias sobre un género desprenden un halo que nos lleva a pensar como la mayoría de las personas de tu género. Este fenómeno psicológico se llama arrastre y hace que hagamos extrapolaciones condicionadas por el halo del propio género. Nuestra imagen de género posibilita distorsiones en nuestra propia identidad.

- **Sesgo de aversión a la pérdida.** El miedo a perder lo que tienes es más intenso que el riesgo de obtener mejores ganancias. No arriesgarse a adaptarse a nuevas ideas de género y perder «el privilegio de género» de los hombres los lleva a no aceptar el cambio. Este planteamiento es simplista pero sí tiene incidencia inconsciente en la igualdad de trato.

Estos son los sesgos cognitivos que no nos permiten cambiar más rápidamente en la igualdad de género y tenemos que incidir en los cinco principios de igualdad de género que son:

- Aceptar lo diverso como lo normal.

- Trabajar los sesgos mentales con respecto a lo diverso.

- Construir un discurso inclusivo.

- Explicitar valores comunes.

- Elaborar principios de gobernanza inclusiva en todas las políticas empresariales.

La igualdad de trato que legislativamente se persigue solo será aceptada cuando en las firmas profesionales se acepte que nadie sea diferente por su ser sino por su hacer. Esta igualdad de trato en género, sin duda, es una variable fundamental para atraer y retener el talento femenino en las empresas.

Micromachismos inconscientes

Lo primero que hay que decir es que los micromachismos no son exclusivos del género masculino, sino fruto de una educación que tanto a uno como otro género les han insuflado como valores normales históricamente.

Estos pequeños gestos, comentarios y malas interpretaciones que suceden en el ámbito de lo cotidiano no generan igualdad y siempre colocan a la mujer en una posición de inferioridad. Estas acciones inconscientes son difíciles de reconocer y, por tanto, no se denuncia su mal uso social por pasar como ideas preestablecidas social y moralmente aceptables.

El término *micromachismo* fue acuñado por el psicólogo Luis Bonino en 1991 y lo define como «imperceptibles controles cuasinormalizados que siempre beneficia al hombre». Sin caer en una lectura radical de llamarlo androcentrismo, sin duda existe y genera problemáticas que impiden la igualdad de género y, por ende, el bienestar.

En el entorno de la empresa se reproducen las dinámicas de interacción social y se convierte en un sesgo definitorio en las relaciones profesionales. Algunos ejemples de micromachismos son:

- Pedir a la compañera que tome notas de una reunión cuando los dos tienen el mismo cargo.

- Utilizar el lenguaje común (masculino genérico) cuando se refiere a puestos con muchas mujeres (las trabajadoras) o elegir solo el femenino cuando ha sido un puesto auxiliar dominado por las mujeres (las secretarias).

- Hacer *mansplanning*, hablar con condescendencia presuponiendo que la mujer que no sabe.

- Hacer *manterrupting*, interrumpir a una mujer cuando habla.

- Permitir chistes machistas donde siempre sale mal parada la mujer.

- Diferencias en el tratamiento del estatus de la mujer, llamando siempre al hombre «señor» (y no señorito) y, en cambio, diferenciar entre señorita y señora.

- Utilizar mensajes sexistas en comunicaciones ajenas o en redes sociales.

- Encargar el café o actividades extrarrol sociales a las mujeres «porque es lo suyo».

- Comentar la ropa solo de las mujeres (síndrome modelito) y no hacerlo con la de los hombres.

- Saludar con dos besos a las mujeres en el trabajo y a los hombres darles la mano.

Estos ejemplos de micromachismo generan inequidad a pesar de que en otros aspectos se haya asumido el discurso de la igualdad. Cambiar conductas diarias es un gran paso para generar un clima de igualdad que posibilite el bienestar independientemente del género. Como bien dice Ana Patricia Botín: «Es cierto que cuando una mujer es asertiva tiene fama de ser muy agresiva. Pero cuando un hombre es asertivo es un líder fuerte».

Síndrome de la abeja reina

Este síndrome se refiere a las mujeres profesionales de éxito en un mundo masculino que no son feministas y prefieren trabajar con hombres en vez de con mujeres. Además, no tiene criterios de sororidad (fraternidad femenina) y se oponen a las cuotas (si ella ha llegado, que lo hagan las demás de la misma manera). Ante todo, les encanta competir contra hombres para ratificar su autoconcepto de éxito.

Estas mujeres «conversas» se convierten en ejemplo de la competitividad masculina y, evitan la competencia de otras directivas, les encanta ser únicas y tener la exclusividad de rol y estatus entre los hombres.

En las firmas profesionales hay que evitar abejas reinas, en este sentido es importante:

- Crear clubes de liderazgo femenino para fomentar y socializar la inversión en igualdad.

- Proponer equipos donde la diversidad de género tenga una proporción adecuada (al menos, que de los tres candidatos en una selección, mínimo, que una sea mujer).

- Debatir la discriminación positiva como elemento nivelador y evitar las críticas procedentes de las propias mujeres.

En general, las firmas profesionales deben crear un ecosistema de igualdad y mezclar las formas de liderar, para poder alejarse de las visiones simplistas de lo masculino y lo femenino.

La igualdad de género es un proceso básico en una política de gestión de personas en las firmas profesionales. El talento no tiene género, sin duda, cuando tenemos tantas mujeres preparadas y con talento; las políticas de promoción resultarían incompletas si solo se fijaran en el talento sin tener en cuenta la igualdad de oportunidades. Veremos en el apartado de atención al empleado cómo la conciliación no debe ligarse solamente al género. Todos los profesionales son responsables de la crianza, el hogar y la dependencia de nuestros mayores. No habrá verdadera igualdad de género hasta que no exista una clara corresponsabilidad en la logística del hogar.

3. Diversidad generacional

Muchas veces pensamos en la diversidad generacional desde los derechos de las personas séniores y pocas veces vemos el interés de la empresa por disponer de este talento. Además, siempre nos centramos en el conocimiento o experiencia de las personas mayores cuando hay otras ventajas desde el punto de vista del bienestar. La psicóloga Laura Carstensen en un estudio longitudinal realizado en 2011 (durante 10 años) y preguntando a cada persona independientemente de la edad su percepción de una experiencia específica concluyó que la gente de mayor edad:

- Centra más sus recursos cognitivos en la parte positiva.

- Valora más los placeres y relaciones cotidianas

- Valora menos los logros, lo que poseen, lo que adquieren y los que son.

Y estas preferencias componen la llamada paradoja de la vejez, nuestro cerebro cambia de preferencias con los años y en su mayoría, siempre hay excepciones, se valora más lo positivo que lo negativo, lo que se es de lo que no se es.

Por otra parte, al ver lo positivo de las personas son un gran elemento integrador en la empresa, disponen de más tiempo para conversar, están más disponibles para el consejo personal y son más proclives a asumir el rol de mentor. Es una apuesta por un talento más integrador socialmente y que puede generar un mayor nivel de relaciones positivas.

Cada vez más, las firmas profesionales tienen que trabajar en el legado de los socios y profesionales que trabajan en ella. Roman

Krznaric en su libro *El buen antepasado* explica que el legado solo se entiende desde la generosidad generacional, que hay que pensar a largo plazo cuando vivimos en una realidad empresarial cortoplacista y ser generoso para que los que se quedan en la firma contemplen dos ideas:

- Yo no le veré..., pero es lo que se tiene que hacer.
- Lo que me hubiese gustado que me hubieran hecho a mí.

El legado es un intangible que todos quieren dejar y su impacto no depende solo del que lega, pero lo que sí depende de él son las emociones que se transmiten. Si el sénior es un buen integrador social y persigue dejar el mejor legado, las firmas profesionales tienen que buscar recursos de aprovechamiento de este talento. Aquí, el concepto *diversidad intergeneracional* tiene integradas las diferentes generaciones en un mismo proyecto que nos permite superar dos anomalías organizativas.

- **El adanismo.** Descubrir la pólvora en el siglo XXI. Muchos jóvenes llenos de ímpetu y queriendo salvar el mundo plantean como nuevo lo conocido, y hay que canalizar su enorme energía contextualizando estos descubrimientos con la experiencia vivida por el sénior.
- **Miedo al cambio.** Las generaciones séniores suelen ser más reacias a cambiar porque «toda la vida lo han hecho así» y, por tanto, entran en un estado de apatía para lo que se necesita estar al lado de un joven que, con su ímpetu, lo motive a cambiar.

La diversidad intergeneracional se basa en hibridar experiencias participando en equipos multigeneracionales para conseguir resultados más enriquecedores gracias a sus perspectivas diferentes. Algunas manifestaciones fruto de las experiencias en gestión de este tipo de equipos son:

- Hay que saber aprender de las experiencias de éxito anterior, pero con los ojos de las nuevas generaciones.
- Lo que ayer fue bueno, hoy no lo es necesariamente.

- Todo conocimiento tiene fecha de caducidad y las habilidades tienen un mayor componente de adaptabilidad que los nuevos conocimientos.

- La tecnología conlleva formas, pero no propósito, energía ni saber hacer.

- La experiencia *per se* no vale, siempre que no se haya convertido en significativa para las personas por su inversión en su aprendizaje y debate.

- La realidad no tiene edad, cambia tus gafas generacionales a la hora de afrontarla.

- Centrarse en la solución más pragmática (aquí y ahora), olvidarse de historias de éxito anteriores y obviar los prejuicios que las nuevas generaciones que tienen sobre lo antiguo y las generaciones anteriores tienen sobre lo nuevo.

Sin duda, el interés empresarial por el talento sénior como integrador social, como un proceso de generar legado y por su participación en proyectos en diversidad intergeneracional apoya la visión de tener un ecosistema de sociedades longevas. La esperanza de vida en 2021 (en España) es de 85.8 años en mujeres y 80.2 años en hombres, por tanto, plantear que una persona a los 65 años pase el 20 % de la esperanza de vida sin trabajar es un despilfarro social. Los nuevos *adultescentes* son los adolescentes que van de los 60 a los 70 años y pueden ser una gran inversión de talento para la empresa en un momento de escasez en el mercado de trabajo. Además, el estado de bienestar europeo necesita prolongar cada vez más la edad de jubilación.

Con todas estas variables las empresas deben plantearse que la escasez de talento que nos podemos encontrar en el mercado podría mitigarse desde una perspectiva de diversidad intergeneracional con la incorporación del talento sénior. Como decía Walt Disney: «Envejecer es obligatorio, pero crecer es opcional».

Para optar por una apuesta por el talento sénior necesitamos superar la visión estrecha del edadismo, donde esta variable define todas las demás características de las personas. Juzgar las capacidades de las personas por la edad, cuando aporta toda una serie de valores añadidos, es injusto, pero además es incomprensible en un modelo de gestión de personas basado en la experiencia de empleado.

4. Diversidad cultural

La procedencia, raza y cultura de una persona condiciona su forma de trabajar, pero, aunque hay diferentes culturas, hay una enorme similitud emocional. Lo lógico es adecuar las formas de entender la empresa según las culturas, pero subyace un criterio universal de gestión basado en los principios vectoriales del carácter humano. Este foco en la diversidad cultural se basa en la idea de que integrar a personas de diferentes tradiciones sociales hace más atractiva la firma profesional y, por ende, atrae y retiene mejor el talento. Y como base de esta diversidad está el principio de que integrar lo bueno propicia que una organización a gestionar el cambio.

La diferencia surge de los distintos troqueles culturales, todos somos hijos de nuestras historias de aprendizaje y, por tanto, tenemos:

- Percepciones distintas. Entendemos un mismo hecho de una forma diferente.

- Cogniciones no similares. Frente a una misma situación pensamos con un criterio distinto.

- Comunicaciones diferentes. Comunicamos un hecho de una forma distinta.

Los valores culturales de una empresa deben centrarse en las emociones universales y deben dar respuesta a siete principios:

- Previsibilidad
- Realismo
- Inclusividad
- Seguridad

- Integridad
- Positividad
- Eticidad

Con estos criterios reguladores de los valores podemos dar una respuesta a los empleados en la alegría, la tristeza, la ira, el miedo, el asco, la sorpresa y el desprecio. Si damos respuesta a las emociones básicas (estas siete) podemos contemplar las emociones sociales o secundarias que se derivan de ellas en las que influyen factores sociales y culturales. Lo básico emocional es común a todas las culturas. Para conseguir una verdadera diversidad cultural se deben acometer ocho tipos de consideraciones prácticas en la gestión de personas:

- **Selección sin estereotipos.** El aspectismo o seleccionar por criterios sociales es una de las grandes distorsiones en la experiencia de empleado. Esta anomalía suele darse en seleccionadores que se guían por aspectos propios de razones culturales (tatuajes, ropa, condición física, etc.) que no son básicas en la apreciación del talento e introducen un sesgo inadecuado en la elección.

- ***Onboarding* sin sensibilidad cultural.** Los procesos de socialización sin tener en cuenta las emociones sociales de cada cultura suelen dificultar una plena incorporación del talento por la forma de comunicar en la acogida.

- **Definiciones competenciales transculturales.** Establecer competencias con rasgos de una determinada cultura entorpece la apreciación y desarrollo de las competencias de los empleados de otras culturas.

- **Evaluar con sesgos culturales.** Los sesgos o prejuicios culturales son inconscientes a la hora de evaluar y conlleva una carga de profundidad en la equidad de gestión de un empleado de cualquier cultura.

- **Identificación de potencial igualitaria.** Exigir los mismos criterios y valoraciones independientemente de la cultura de donde provenga el empleado identificar el potencial equitativamente apreciado.

- **Sistemas de compensación equitativo.** Nivel de apreciación salarial similar centrándose en criterios objetivos y analizando (*big data*) la existencia de sesgo cultural a la hora de determinar y evolucionar un salario.

- **Formación en función de los méritos.** El acceso formativo no puede ser discriminativo por venir de una cultura u otra. Debemos ofrecer igualdad de oportunidad formativa por el desarrollo del empleado *per se*.

- **Despidos discriminatorios.** Utilizar un criterio cultural a la hora de prescindir de empleados que necesitamos. Los despidos involuntarios suelen ser la gran muestra de un criterio de gestión diferencial del talento.

Estas ocho desviaciones de naturaleza inconsciente hay que verificarlas para que la composición de una plantilla con diversidad cultural nos sirva para ser competitiva, tenemos que analizarlos, gestionarlos y no dejar que funcionen como algo natural, ya quede o natural es que surjan los sesgos culturales a la hora de evaluar.

Aunque en nuestro país no tenemos una ocupación tan diversa culturalmente de nuestras plantillas como en otros países, debemos ver que se va a crear esta una tendencia por:

- Por la incorporación de inmigrantes que se integren en puestos donde se carece de demanda en el propio país.

- Por la globalización y respuesta internacional de la empresa española.

- Por la incorporación de inmigrantes de alto nivel que asuman actividades hasta ahora reservada a personas del propio país.

- Por la apertura a la estancia en nuestro país de nómadas digitales.

Sin duda, los temas de raza y religión son menos potentes, pero debemos ir poniendo las bases para disponer de una cultura y gestión de personas que atraiga a empleados interculturales.

5. Cultura inclusiva de todo tipo de diversidad: atención al empleado

Toda diversidad de empleados genera riqueza siempre que se nuclee con una cultura común que sea atractiva a cualquier tipo de talento. No solo porque se sienta bien la persona con talento, sino porque trabajan en una empresa que integra lo diverso que genera un enorme atractivo social.

La cultura inclusiva suele basarse en un modelo 3C.

- **Colaboración.** Se incorpora el criterio de que la colaboración es lo que sirve de amalgama de lo diverso, no importa de dónde provenga y qué características personales posean, lo que nos une es el afán por colaborar en conjunto.
- **Confianza mutua.** Cuando somos diversos debemos empezar desde la confianza en el otro, independientemente de las formas diferentes que tenga de percibir, pensar y comunicar que muestre en una situación dada.
- **Cuidado.** Las diferencias implican un trato distinto, pero desde la atención a cada persona en sus propias necesidades. Esta focalización en el cuidado genera una apertura mental hacia lo diverso como factor de realidad y no como elemento distintivo.

Este modelo de cultura inclusiva (3C) suele servir para generar un modelo de gestión de empleado centrado en su atención y cuidado.

Habitualmente, los servicios a empleados son considerados modelos de valor añadido a la gestión normal del empleado, poner a disposición de las personas opciones que favorezca la vida de las personas se entiende como servicios complementarios. En el modelo AGAD se convierte en una variable fundamental de las experiencias del empleado. La experiencia de empleado tiene que ser:

- Individualista. Con la confección de servicios de empleados ajustados a cada persona posibilitamos su mayor identificación con el propósito de la empresa.
- Contingencial. Es decir, cuando verdaderamente lo necesita el empleado.
- Autonomía de gestión. Es su decisión personal utilizarlos o no y no se impone como política general.

Los servicios de atención al empleado deben orientarse hacia estas seis facetas:

- Conciliación (logística).
- Desarrollo personal.

- Bienestar físico.

- Bienestar psíquico.

- Seguridad, bienestar social.

Los servicios de atención al empleado generan una cultura inclusiva porque atiende a todas las necesidades de las personas cuando estas necesitan una respuesta de su empresa.

La atención al empleado en conciliación no tiene exclusividad de género ni está orientada al entorno femenino. La conciliación es la responsabilidad de las personas y tiene que ver con:

- Crianza (guarderías, ayudas escolares, etc.).

- Gestiones exógenas (notarias, Administración Pública).

- Dependencia (mayores, personas dependientes).

Facilitar la conciliación es básica para dar inclusividad a la persona que está tan preocupada por aspectos logísticos de sus gestiones, por la crianza, por sus padres o por personas dependientes de ellos.

La atención al empleado en el ámbito de desarrollo personal se refiere a su crecimiento como persona tan importante como el desarrollo profesional. Y suelen ser:

- Apoyos a los estudios (becas).

- Tiempos sabáticos (máster, carrera profesional).

- Excedencias temporales (idiomas, proyectos).

Para facilitar el desarrollo del empleado constituye una apuesta de confianza en la persona, que incide en el nivel de atractibilidad de estar en la empresa como un ecosistema enriquecedor.

Con la atención al empleado en el ámbito del bienestar físico se pretende facilitar la actividad física y el desarrollo de hábitos saludables.

- Apoyo al deporte (gimnasio).

- Atención corporal (fisioterapeutas).

- Comida saludable.

Esta apuesta por el bienestar físico es un clásico en la atención al empleado y se convierte en básico cuando las personas apuestan por generar nuevos hábitos saludables.

La atención al empleado en el área del bienestar psíquico es cada vez más importante por la crisis de salud mental que hemos observado después de la pandemia y se materializa con:

- Atención psicológica (soluciones de telepsicología).

- Actividades contemplativas (*mindfulness*, *yoga*).

- Acciones emocionales (p. ej., no trabajar el día de su cumpleaños).

El bienestar psicológico es la gran apuesta actual para integrar a las personas desde sus preocupaciones más íntimas en su adaptación a un entorno de incertidumbre.

La atención al empleado sobre la seguridad es el mayor elemento motivacional en situaciones específicas y, aunque a veces se considera un beneficio extrasalarial a la hora de negociar una incorporación a una empresa, son también ítems de la atención al empleado:

- Seguro médico.

- Descuento de compra por adscripción empresarial.

- Acceso a otros tipos de seguros.

La seguridad económica y, principalmente, de seguros en caso de enfermedad es uno de los modelos más demandado de atención al empelado.

Y, por último, el bienestar social se refiere a las variables más lúdicas y de participación en eventos sociales o en modelos de participación social.

- Participación en proyectos sociales (ONG, carreras).

- Patrocinio de actividades sociales (fiestas, celebraciones).

- Apoyo a causas benéficas (campañas sociales internas).

Toda la temática social puede ser diferencial en cada empresa y nos sirve para atraer diferentes colectivos y al incidir en la participación de la empresa en eventos sociales con una perspectiva de Responsabilidad Social Corporativa (RSC)

En nuestro modelo AGAD, en la segunda A, la de asesoramiento, hemos puesto el foco en la diversidad para hacer una cultura más inclusiva y apoyar a cada empleado cuando verdaderamente necesita a la empresa. La empresa es un ecosistema que facilita la conciliación, la seguridad y el desarrollo personal como una forma de hacer atractiva la experiencia de empleado. Una experiencia de empleado adecuada a las necesidades individuales de cada persona genera un elevado nivel de compromiso y, como sabemos, facilita el bienestar de los empleados. Sin duda, poner foco en el empleado cuando este necesita una respuesta de la empresa genera un capital de confianza bárbaro en el propio empleado, pues como decía Mahatma Gandhi: «Hay más en la vida que incrementar la velocidad».

9

DESARROLLO DEL TALENTO: FORMACIÓN Y *COACHING*

1. Modelo de desarrollo del talento

Llegamos al último eslabón en el modelo AGAD: el desarrollo. Si la atracción y la gestión son condición necesaria en una política de experiencia de empleado y el asesoramiento es la parte más cercana al compromiso directo, no podemos olvidar que el desarrollo resulta el ámbito más potente a la hora de trabajar el propósito con futuro.

Todo empleado necesita el desarrollo para comprometerse, ya que se deben tener condiciones labores adecuadas a la igualdad de trato, pero el trabajador ha de contar con ilusión por el desarrollo. Se trata de conseguir tener la perspectiva de avanzar hacia tener mayores competencias y habilidades e igual mensaje que nuevos retos profesionales que generen nuevos tipos de compromisos.

La alineación de los objetivos personales con los profesionales a lo largo de la evolución de las personas y las empresas es un proceso continuo de ajuste de lo que quieren los empleados y la empresa en diferentes momentos y circunstancias.

El desarrollo no significa solo formación; esta es una forma de desarrollo, pero vamos a analizar aquí seis caminos:

- Desarrollo a través de proyectos.
- Formación profesional: técnica y habilidades.
- Desarrollo de liderazgo.
- *Mentoring y coaching.*
- Desarrollo del bienestar: salud laboral y riesgos laborales.
- Acción social: responsabilidad social corporativa y empleados.

Gráfico 9.1 Esquema de los tipos de aprendizaje que se obtienen con las seis vías

Esta visión integral de desarrollo debe emplear complementariamente los seis tipos de desarrollo para tener a personas que aprendan en distintas situaciones:

- **Gestión de proyectos.** Aprendizaje de la capacidad de gestión: visión habitual en las firmas profesionales de asumir tres posibilidades y desarrollar capacidades de gestión.
- **Formación profesional.** Aprendizaje de conocimiento y de habilidades. El aula y el campo son clave y su versión híbrida constituye un ecosistema de aprendizaje apropiado.

- **Liderazgo.** Aprendizaje de gestión de personas. Cualquier posición organizativa que implica dirigir un equipo necesita conocer las herramientas y habilidades de ser un líder.

- *Mentoring y coaching.* Aprendizaje de competencias. Las intervenciones individualizadas entre el rol de mentor o *coach* y el de *mentee* o aprendiz es una forma muy adecuada de desarrollo de competencias.

- **Desarrollo del bienestar.** Aprendizaje emocional. Para que las personas puedan tener una buena experiencia de empleado, requieren desarrollarse o crecer como personas, no solamente como profesionales.

- **Acción social RSC.** Aprendizaje social. Aprender a devolver a la sociedad las aportaciones profesionales que les dan sentido social.

Pero estas seis vías que una persona tiene para desarrollar su aprendizaje no son exclusivas para un solo tipo de aprendizaje, sino que están entremezclados, de tal forma que todo aprendizaje es híbrido.

Gráfico 9.2 *Upskilling* y *reskilling*

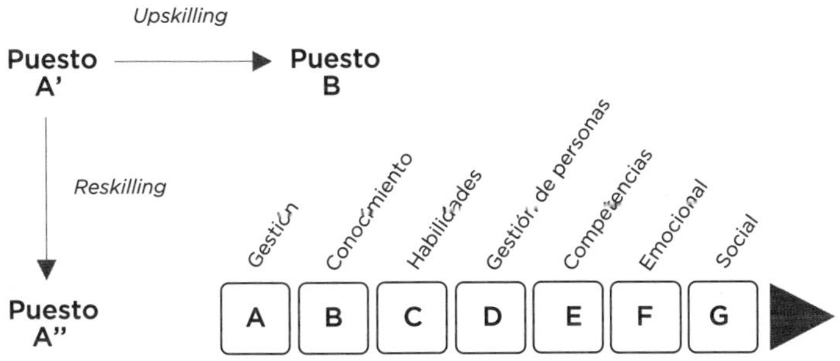

Los dos procesos básicos de desarrollo son de los siguientes tipos:

- *Upskilling*: Evolución y desarrollo cambiando de puesto. Hay tres tipos de movimientos:
    - Ascendente: conlleva promoción.

- Transversal: implica cambio de puesto a otras funciones.
- Horizontal: conlleva cambio de puesto en el mismo nivel.

- *Reskilling*: Evolución y desarrollo dentro del mismo puesto:
  - Gradiente de experturia.
  - Gradiente de digitalización.
  - Gradiente de diversificación.

Los procesos de *upskilling* implican un desarrollo más patente por su cambio de puesto y suponen, en el caso de que haya una promoción, un efecto de adaptación y acomodación a un nivel superior de responsabilidad; por tanto, suelen implicar la gestión de personas. Si el *upskilling* es transversal, normalmente emerge la formación en conocimiento y habilidades, mientras que si resulta horizontal, habitualmente precisa mucho aprendizaje emocional y de competencias.

En los procesos de *reskilling* normalmente es muy fuerte la formación en conocimiento, por lo que supone un mayor grado de experturia, tener un mayor nivel de experto en una especialización. En el caso de digitalización, además del conocimiento, implica un cambio de competencias, y en el caso de diversificar estas para abarcar más actividad en un mismo puesto, suele ser habitual el aprendizaje de capacidad de gestión.

Pero en todo movimiento de *upskilling* y *reskilling* se necesitan diferentes dosis de distintos tipos de aprendizaje y obtener o completar con otra vía de desarrollo.

2. Desarrollo a través de proyectos

En una firma profesional la gestión de proyectos es un proceso habitual de trabajo donde, centrándose en un determinado reto organizativo, componemos un equipo de trabajo. Este desarrollo a través de hitos reales tiene la enorme ventaja de su medición inmediata en resultados a través de la resolución del proyecto. Tener un inicio, un desarrollo y una finalización permite reconocer qué factores pueden incidir en el desarrollo de los empleados. Los proyectos suponen un gran escenario de aprendizaje que permite desarrollar a las personas porque:

- Representa un objetivo que hay que conseguir y, por tanto, el aprendizaje se puede cifrar con resultados.

- Tiene un desarrollo temporal determinado que implica un ritmo de ejecución.

- Se puede cifrar el éxito en función de la cantidad (satisfacción del cliente) y por la cantidad (resultados y tiempo).

- Se pueden generar fases y subpartes que permitan escalar los resultados con subobjetivos.

- Posibilitan intercalar la formación necesaria con las diferentes formas de un trabajo.

Con estas características los proyectos son verdaderos procesos de desarrollo de los empleados. Cada proyecto supone un cambio de conocimiento, de capacidad de gestión, de gestión de personas y, al fin y al cabo, de competencias. Constituye el verdadero modelo de *learning by doing* ('hacer para aprender') aplicado a la empresa y tiene la ventaja de asumir las crisis como ocasiones de aprendizaje y de contar con la enorme capacidad de ver en la realidad el efecto de lo aprendido a través de modelos clásicos de aprendizaje de ensayo y error.

La gestión de proyectos en una firma profesional es el verdadero precipitador de la experiencia de desarrollo, pero para que se pueda considerar un hito de aprendizaje necesita considerarse una experiencia significativa.

Las experiencias significativas son el instrumento que tenemos los profesionales del aprendizaje en el día a día, además de que constituyen una inmejorable forma de transmitir elementos culturales, actividades y, cómo no, conocimiento. Se suelen utilizar dos tipos de metodología.

Metodología ERPA

Toda experiencia se explica en cuatro fases:

E Emoción, donde nos preguntamos el qué.
R Racionalidad, donde nos preguntamos el por qué.
P Procesos, donde nos preguntamos el cómo.
A Automatización, donde nos preguntamos el cuánto y el cuándo.

La conducta no empieza explicando el por qué racional, sino desde el qué emocional. Es decir, la experiencia se comienza a comprender desde la emoción (entusiasmo de querer tener esa experiencia), aunque rápidamente necesita la racionalidad, que a su vez, para operativizar las soluciones, requiere los procesos, que, con su repetición, generan una automatización o habituación de la experiencia, convirtiéndose esta al interiorizarse en un recurso de la persona.

Este proceso del querer, comprender, hacer y crear un hábito lo aplicamos en cualquier proyecto o tarea nuevos que afrontamos en la realidad. Por tanto, el nivel en el que una experiencia deja huella en una persona se basa en haber generado un hábito desde la repetición de cómos que previamente hemos comprendido, pero siempre desde el reconocimiento inicial del querer hacerlo.

Metodología *scenario based learning* (SBL)

Esta metodología pedagógica, muy utilizada en el aprendizaje de conductas complejas, se basa en paradigmas de aprendizaje basado en problemas y se trata de un proceso que promueve el desarrollo del pensamiento crítico, la capacidad de resolución de problemas y las competencias.

Este sistema sigue un esquema inverso al tradicional: primero se define y se perfila el problema, a continuación se identifican las necesidades que hacen que surja, se busca la información necesaria y, por último, se vuelve al problema. El método SBL se basa en enseñar a:

- Motivarse por la comprensión del problema.
- Tomar decisiones razonadas, entendidas y defendidas.
- Motivar la resolución de problemas en equipo.

Y tiene técnicas muy útiles para generar significación a la experiencia:

- Contextualización. Todo contexto incide en un proyecto y, por tanto, lleva a valorar no las soluciones ideales, sino las posibles.
- Visión en etapas. El crecimiento incremental del dominio de un proyecto implica la gradualidad del aprendizaje.

Con estos dos tipos de metodología, una experiencia significativa es:

- Una experiencia típica de la vida real, que incluye contexto y objetivos.
- Una experiencia cuyo éxito se cifra no solo en el resultado, sino en el aprendizaje que se produce.
- Una experiencia que identifica al final de la experiencia lo que hay que saber y lo que hay que saber hacer.

Convertir un proyecto en una experiencia significativa consiste en incorporarlo al porfolio de recursos y conductas de las personas que participan de unos nuevos conocimientos y habilidades. No se trata solo de tener experiencia, sino de que sea significativa para el aprendizaje que supone.

Gráfico 9.3 Los cuatro momentos de aprendizaje

Un buen proyecto genera aprendizaje práctico que sirve para la gestión diaria gracias a la transferencia de habilidades de planificación, gestión de personas, organización de tareas y orientación a tener diferentes visiones de los resultados.

En una firma profesional no debemos gestionar solo a través de proyectos, pero este es un elemento de desarrollo de personas muy alto por su practicidad. No se trata de un proceso de cantidad de proyecto, sino de calidad por su nivel como experiencia significativa.

Otras ventajas de orientar a una firma profesional para que desarrolle proyectos como una experiencia significativa son:

- Maximiza la capacidad operativa de la compañía. Cuando se resuelve, genera un incremento de productividad, por ejemplo, implantar un CRM, firmar un convenio o llevar a cabo una campaña de voluntariado social.

- Coordina los recursos y, por tanto, mejora la comunicación entre distintas áreas de la compañía.

- Da una visión de conjunto de la empresa. Al transferirse conocimiento y actitudes entre los distintos departamentos, se evitan actuaciones tipo silo.

- Tiene mayor capacidad de reacción, más rapidez ante el cambio de mercado.

- Orienta al cliente a la organización, ya que el objetivo último de cualquier proyecto consiste en tratar de cubrir una necesidad específica que siempre incide en el cliente final.

- Cuenta con un factor de aprendizaje organizacional, donde se acumulan las experiencias exitosas anteriores y se sabe cómo reaccionar.

- Mejora la imagen de la empresa por su capacidad de profesionalidad y seriedad a la hora de abordar una problemática con un proyecto entre diversas áreas de la compañía.

Los modelos tradicionales de gestión de proyecto (modelo secuencial tradicional) han cambiado en los últimos años con la irrupción de las metodologías *agile*. En inglés este término, más que un criterio de velocidad de resolución, se refiere a la capacidad de provocar cambios a través de una metodología estricta. Significa capacidad de cambiar y supone que, según el contexto, la evolución y los medios, las soluciones propuestas son las posibles y no las excelentes. Este posibilismo introduce tres grandes ideas:

- **Prototipado.** Antes de dar por finalizado un proceso o servicio, se somete al cliente una prueba para verificar su comprensión y compra. Con esto se reduce el tiempo de planificación y se incrementa la eficacia de las soluciones.

- **Simplicidad.** No hay que buscar grandes soluciones, sino elegir la que aporte una mayor simplicidad de comprensión y explicación.

- **Autogestión del equipo.** Se dota al equipo de técnicas para que pueda autogestionarse de una forma autónoma en la mayoría de la gestión del proyecto. No se trata de que aprenda únicamente quien dirige, sino todos los que participan en el proyecto.

La metodología *agile* ha introducido la visión del cambio como elemento consustancial a la gestión del proyecto y ha flexibilizado la forma de entender el éxito no como un producto final, sino como un proceso autogestionado que produce servicios. Independientemente de las ceremonias que las diferentes metodologías *agile* han introducido (*sprint, daily, sprint review*, etc.), se están convirtiendo en un gran proceso de desarrollo del aprendizaje interno.

3. Formación profesional: técnica y habilidades

La formación como metodología clásica (traslado del aula a la oficina) está sufriendo una enorme transformación a través de cuatro vectores:

- Transformación hacia lo digital. De lo *offline* a lo *online* (en diferentes niveles de hibridación o *blended*).

- Transformación hacia lo competencial. Del conocimiento a las competencias.

- Transformación hacia la individualización. De los grupos a los individuos.

- Transformación hacia el aprendizaje. Del alumno al aprendiz.

Gráfico 9.4 Evolución del aprendizaje profesional

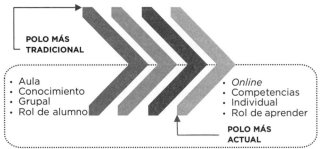

POLO MÁS TRADICIONAL

- Aula
- Conocimiento
- Grupal
- Rol de alumno

- *Online*
- Competencias
- Individual
- Rol de aprender

POLO MÁS ACTUAL

Estos cuatro vectores de transformación están creando una nueva configuración de la formación desde un modelo clásico de plan de formación hasta el modelo actual de itinerario de desarrollo.

Hace unos años se elaboraba en las empresas un plan anual de formación con un proceso de detección de necesidades, una planificación de cursos y un cuestionario de evaluación. Este modelo ha finiquitado cuando existe un catálogo de cursos *online,* con acciones *blended* (híbrido entre presencial y *online*) y que depende del itinerario de desarrollo enmarcado para la persona que tiene que hacer unas determinadas actividades presenciales y otras *online.* La tecnología ha posibilitado un mayor nivel de individualización de la formación. A continuación vamos a analizar cada una de estas transformaciones.

Transformación digital

La proliferación de soluciones de formación *online* ha llenado kilómetros de cursos enlatados *online* a los que solo les faltaba lo fundamental: el por qué y el para qué se hace un curso, y también los niveles de autodisciplina para hacer un curso *online* determinado. No tiene sentido plantearlas como alternativas o como solución de coste para evitar el lucro cesante (desplazamientos), sino como complementarias a una formación presencial. En el diseño de la formación actual se produce una planificación híbrida (presencial y *online*) donde, con objetivos complementarios, se diseña todo un trayecto formativo intercalando antes, durante y después de acciones presenciales diferentes acciones *online.* Se trata de soluciones *off* + *online* y no solo presenciales u *online.*

Cualquier transformación tecnológica, como la digital, implica desarrollar nuevos sistemas de aprendizaje. Dentro de poco tendremos que aprender a través de la identificación con nuestro avatar en el metaverso, pero al fin siempre habrá una persona que quiere aprender y un sistema que enseña a través de un rol de maestro.

Transformación competencial

La formación de conocimiento nunca ha sido pura: nadie aprende solo de lo teórico abstracto de un conocimiento, sino también de cómo se utiliza dicho conocimiento; sin embargo, estamos viviendo una transformación hacia las competencias. El modelo de competencias posibilita el desarrollo desde una visión más humana.

Gráfico 9.5 Modelo de competencias

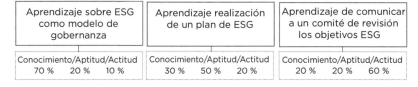

Cada composición de las competencias según el reto de aprendizaje implica diferentes formas de diseñar las acciones formativas. Reclamar en cada objetivo de aprendizaje cómo es la composición de cada competencia implica cambiar el foco no solo en el conocimiento, en las aptitudes o en las actitudes. Últimamente se suelen dar modelos mixtos que suponen metodologías diferentes y complementarias.

Transformación individualizada

La tecnología nos permite diseñar intervenciones más individualizadas, además de customizar la formación a las verdaderas necesidades de cada persona. La formación en grupo pasa a ser una parte de la formación con esfuerzo individual, al igual que lo presencial y lo *online,* teniendo en cuenta una matriz metodológica:

Gráfico 9.6 Modelo de personalización de la formación

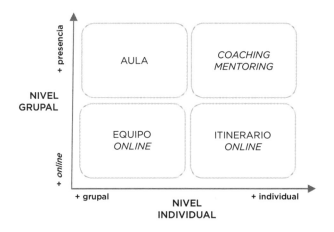

La individualización genera modelos de aprendizaje más adecuados a los ritmos de cada persona y además ofrece la posibilidad de la desubicación temporal de la formación. Si con la irrupción de la formación *online* tanto sincrónica (todos conectados) como asincrónica (lo utilizo cuando quiero) habíamos dado un paso hacia la desvinculación espacial y temporal de la formación, ahora con la tendencia a la individualización hemos aportado un mayor nivel de concreción y cercanía a las verdaderas necesidades de formación.

Transformación hacia el aprendizaje

El modelo que proviene de la escuela nos traslada un rol de alumno pasivo, en clase, al que se le enseña; en cambio, el mundo empresarial necesita un aprendiz proactivo, en la gestión diaria y que quiera aprender, es decir, pasar de una actitud pasiva de la enseñanza a otra proactiva del que quiere aprender. Esta transformación es fundamental porque hacemos a las personas las verdaderas propietarias de sus aprendizajes y, por tanto, las primeras interesadas en su consecución.

Esta visión de aprendizaje más que la formación en sí incide en la forma de configurar lo aprendido. El modelo que ha salido de la neurodidáctica consiste en:

Gráfico 9.7 Modelo a partir de la neurodidáctica

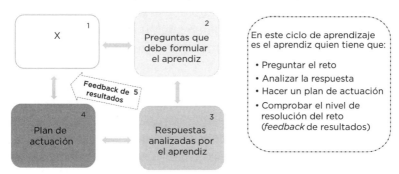

4. Desarrollo de liderazgo

Una función muy importante en una firma profesional es el desarrollo de habilidades de dirección y ejercicio del liderazgo. Estas acciones para tener mejores líderes se tornan imprescindibles en el actual entorno, que algunos autores clasifican de BANI (frágil, con ansiedad, no lineal e incomprensible), donde el valor de una buena dirección de personas resulta muy necesario. Tras la COVID-19 hemos tenido que cambiar muchas formas de liderar, no solo por el mayor grado de teletrabajo de la actualidad diaria, sino por el crecimiento de la vulnerabilidad que nos ha dado una crisis de la humanidad que no ha sido la pandemia. El líder tiene que acometer las siguientes tareas:

- Certezas en la incertidumbre, aportando una visión de la realidad que dé seguridad a los empleados.

- Gestión emocional para atacar la ansicdad de la situación. La utilización de consultas psicológicas se ha disparado por la sensación de inseguridad del entorno.

- Orientación a la complejidad, pues ya no vale explicarnos con sencillez en un entorno tan interrelacionado y donde la evolución cada vez está más condicionada por variables no previstas.

- Comprensión de una realidad que con la variable de la evolución tecnológica nos asusta por el futuro del trabajo. La implantación de la IA está generando una nebulosa de miedos en el trabajo en una firma profesional.

Este entorno BANI de la década de 2020 es una evolución de los modelos VUCA (volátil, incierto, complejo y ambiguo) de la década de 1990. Y la participación de líderes serenos, compensados y con pensamiento global y omnicomprensivo genera un cambio en el estilo del líder.

Cada vez más las características fundamentales de una empresa se centran en su capacidad de adaptación a las adversidades y a desarrollarse en entornos de incertidumbre. Es decir, debemos tener compañías resilientes con líder resilientes que acepten las variaciones de su entorno incierto y en constante cambio. Y para tener este tipo de líderes, hemos de entrenarles en unas características diferenciales, tener un modelo distinto de líder y métodos de desarrollo diferentes a los típicos cursos de liderazgo.

En relación con las características diferenciales del líder actual, podemos destacar estos seis aspectos de enorme desarrollo:

- **Asertividad.** El líder no debe engañarse a sí mismo con visiones del pasado. Lo que ayer funcionó hoy, por el enorme grado de incertidumbre, a lo mejor no lo hace. Estas dosis de realismo sobre las incapacidades interpretativas de la realidad han de asumirse con practicidad. La mejor herramienta psicológica es incrementar la capacidad de ser asertivo. La asertividad es la habilidad de saber decir no y no querer satisfacer a todos en todo, conocer nuestras limitaciones y mostrar la vulnerabilidad como personas que somos sabiendo aceptar los retos con realismo (líderes más asertivos).

- **Positivismo.** En un entono de enorme dosis de negatividad, debemos apostar por un líder positivo, pero desde una perspectiva optimalista (optimismo con realismo), como dice Tal Ben-Shahar, de la Universidad de Harvard. Esta visión realista pero positiva antepone el realismo al optimismo dándole un tinte pragmático. Con este optimalismo generamos una actitud de ver lo positivo y manifestar confianza en las capacidades de la firma y no centrarse en lo incierto del entorno (líderes más positivos).

- **Contextualismo.** El contexto nubla tanto las decisiones, que cada vez más se necesitan líderes con calma para decidir, que busquen los momentos más adecuados para hacerlo y que identifiquen las decisiones que mejor se pueden tomar en cada momento. Contextualizar cualquier decisión lleva a cambios de opinión rápidamente, a tener mayor rapidez de actuación en un entorno o contexto muy cambiante (líderes más atentos al entorno).

- **Creatividad.** Cada vez más hay que pensar heterodoxamente dentro de una visión normal y ortodoxa de los negocios. El término *rebelde honesto* que el psicólogo Todd Kashdan utiliza significa que una persona es inconformista sabiendo que está en un entorno de negocio determinado. Su honestidad en el inconformismo le lleva a replantearse la realidad sin romper la baraja del negocio. El arte de llevar la contraria empieza por ser más creativo que los líderes, y no solo contratar la creatividad exteriormente. Lo creativo está en las formas y en saber que estamos en un momento de cambio y no en situaciones de replicar procesos (líderes más creativos).

- **Proactividad.** Hay un término que cada vez tiene más valor en un entorno de incertidumbre: *coraje*. El coraje empieza por la energía del líder que busca el cambio, lo que se demuestra en su capacidad de ser proactivo, de provocar el cambio y de hacer del intento un gran reto. La psicología del intentar hacer cosas nuevas es una actividad del líder. Huir del error no implica no cometerlo, sino más bien aprender rápido para cambiarlo por un acierto (líderes más proactivos).

- **Doble visión.** Las gafas de doble visión son cada vez más necesarias en el liderazgo actual. Se trata de hacer actuaciones alimenticias a corto plazo y estar pensando en acciones de amplio espectro por el desarrollo futuro. No podemos estar instalados solamente en el presente, pero tampoco olvidar dedicar tiempo a aceptar nuestro presente. La instalación del líder siempre en el futuro no puede generar desconsideración del arduo presente (líderes que miran el futuro con realismo).

Estas seis características del líder actual generan un perfil y un estilo de liderazgo muy diferente al histórico. El modelo más actual de liderazgo se plantea a partir de 2008 bajo el paradigma del líder auténtico. Para tener cada vez un mayor nivel de resiliencia en nuestras empresas, tenemos que acercarnos a un modelo de líder más auténtico. Las investigaciones de Ochieng F. Walumbwa en la Universidad de Illinois nos han llevado a formular las cuatro dimensiones del líder auténtico:

- **Conciencia de sí mismo (*self awareness*).** Cada vez es más importante el autoconocimiento y el autoconcepto que el líder tiene de sí mismo. Frente a la incertidumbre, debemos contar con modelos de líder con mayor nivel «auto» en todo. El clásico «Conócete a ti mismo» es muy importante para el líder, que más que buscar el modelo ideal de ser líder tiene que entresacar su mejor versión de ser un líder desde su interior. El líder ha de conocer sus fortalezas y debilidades sin hacerse trampas en el solitario; tiene que reconocer su capacidad de influencia y sus limitaciones como líder. Esta autoevaluación es el principio de un buen liderazgo.

- **Transparencia en las relaciones (*relational transparency*).** El líder se muestra tal y como es y no trata de adoptar una pose determinada para cada momento. Cada vez más se tiene una visión muy negativa del postureo. Queremos líderes que piensen lo mismo que hacen y que, a través de su actuación, tengan una claridad sobre su pensamiento y sus emociones. No se trata de personas perfectas, compartir los errores conlleva la asunción de su vulnerabilidad. Este ejercicio de transparencia y de mostrarse como se es resulta cada vez más querido por los colaboradores del líder.

- **Procesamiento equilibrado de la información (*balanced processing*).** El líder necesita analizar la información detalladamente antes de tomar una decisión. No fiarse de una sola fuente de información es muy sano porque hoy tener acólitos traductores de la realidad puede ser nefasto para obtener una información de calidad. También debemos contar con diversas fuentes en cantidad y diferentes para cualificar con información heterogénea a la hora de tener una opinión. El líder que pide contrastar su opinión con otras fuentes de información genera decisiones más equilibradas y acertadas.

- **Moral internalizada (*moral perspective*).** El líder ha de autorregular su conducta en función de unos valores, y hay que transmitir con claridad que estos guían las conductas. No existe peor imagen del líder que la que muestra que sus valores no se reflejan en su conducta. Decir y predicar unos principios pero no cumplirlos en la actuación diaria es práctica nefasta. Estas conductas consecuentes con los valores generan una imagen humana del líder como persona que tiene valor para aceptar sus consejos.

Las investigaciones actuales sobre el liderazgo versan sobre la autenticidad que los empleados quieren ver en un líder con autenticidad más que sobre una visión idealizada del líder.

Líderes más conscientes de sus creencias, que muestren cercanía por su transparencia, con opiniones contrastadas y cualificadas por varias fuentes y que sean coherentes con sus valores van por el camino del éxito en un mundo tan incierto como el actual.

Si tenemos que recoger unas características diferenciadoras actualmente del liderazgo y apostar por un mayor nivel de autenticidad, ¿qué métodos tenemos para desarrollar a los líderes? El desarrollo de líderes cada vez más tiene cuatro lógicas:

- **Lógica del entrenamiento.** Se debe formar desde los retos o proyectos que se proponen al líder; no se trata tanto de una formación en el aula como de un aprendizaje a través de hacer proyectos para aprender. Los modelos de *learning by doing* cada vez se utilizan más. Trabajando desde la forma de hacer y posteriormente reflexionando técnicamente sobre lo hecho creamos consciencia de los valores de ser un buen líder.

- **Lógica del asesoramiento.** Se debe formar a través del asesoramiento individual hacia una actuación. Las técnicas del *coaching* son muy eficaces para hacer reflexionar a las personas en sus primeras decisiones como directivos. Centrarse en conocerse a sí mismo a través de un asesor cercano en estos momentos supone una gran apuesta de aprendizaje.

- **Lógica de la experiencia.** La formación del líder necesita el ejemplo y la seguridad emocional que aporta tener al lado un mentor que pone su experiencia de años a su disposición. El *mentoring,* al igual que el *coaching,* se basa en relaciones individualizadas para aprender.

- **Lógica de la emocionalidad.** La formación del líder pasa por su *upskilling* emocional, de forma que comprende que utilizar la empatía es básico para entender a sus colaboradores. Una persona que se dirige es un centro de emociones que hay que comprender y apoyar, no solo un recurso humano que hay que utilizar.

Entrenar, tener asesores de carreras y mentores y comprender emocionalmente a la persona son las lógicas del desarrollo de los líderes.

Los líderes necesitan formación que cualifique sus pensamientos, pero también el desarrollo de unas competencias a través del cambio en sus aptitudes y actitudes. Las técnicas de *team building,* gamificación, pedagogía activa, neurodidáctica, etc., son diversos caminos para conseguir tener líderes que conozcan mejor sus emociones y puedan gestionar más adecuadamente las emociones de sus colaboradores.

El mayor acento emocional que determina la incertidumbre genera un líder más humano. Ya decía Napoleón que «el líder es un repartidor de esperanzas» y, más específicamente, nuestro añorado Martin Luther King hablaba de que «un buen líder no es un buscador de consensos, sino un moldeador de consensos». En momentos inciertos necesitamos líderes que repartan esperanzas y moldeen consensos entre las personas que configuran la empresa.

5. *Mentoring* y *coaching*

El gran *boom* a partir de principios de la década de 2000 de los paradigmas de *coaching* ofrecía el desarrollo de una enorme herramienta individualizada de formación utilizando palancas de crecimiento personal. Con el *coaching* se vuelve a la relación personal maestro-aprendiz donde lo importante es el aprendizaje no solo de los contenidos, sino fundamentalmente de conductas asociadas al conocimiento. La labor del *coach* consiste en asesorar en el desarrollo desde el seguimiento reflexionado de la actuación realizada principalmente con tres herramientas:

- Escucha activa. Atender todas las variables que contextualiza la acción en la realidad y que pueden guiar el desarrollo.

- Formulación de preguntas poderosas. Para hacer pensar al *coachee* por sí mismo, el *coach* no le dice lo que tiene que hacer, sino que le pregunta qué respuesta daría a su pregunta para llevar a la conciencia su cambio de conducta.

- Refuerzo por todo. Tras empezar a cambiar, el *coach* le hace consciente del significado que implica ese cambio de conducta.

Gráfico 9.8 Proceso de *coaching*

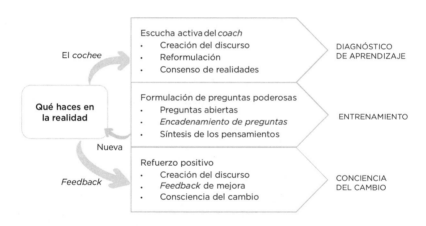

El *coaching* supone la introducción en la experiencia de empleado del desarrollo individual y posibilita una consideración del crecimiento personal como parte de dicha experiencia. Con estas técnicas posibilita un modelo de entrenamiento individual que procede de la psicología deportiva, creando las condiciones para un buen aprendizaje de competencias.

Las competencias tanto en sus componentes de conocimiento, aptitudes y actitudes deben plantearse como un proceso de entrenamiento, es decir, de aprender tras hacer en la realidad, y tener un *coach* lleva a reflexionar sobre las características del cambio que hay que introducir para mejorar la emisión de una conducta profesional. Reflexionar sobre lo practicado posiciona el *coaching* como un proceso de indudable valor en el cambio profesional.

El *mentoring* tiene la misma base que el *coaching* pero diferente forma; el cambio fundamental radica en el rol del maestro, pues en el *mentoring* se basa en compartir su conocimiento como experto, y su misión no está en plantear preguntas para que el aprendiz haga consciente su cambio, sino en mostrarle sus enseñanzas fruto de su experiencia como maestro. El *mentoring* se centra más en el consejo, es decir, el maestro reflexiona desde su experiencia para hacer al *mentee* reflexionar sobre su actuación presente.

Tanto en el *coaching* como en el *mentoring* es fundamental un proceso de capacitación, no por el contenido, sino por sus habilidades al ejercitar el rol:

- Saber escuchar. La escucha activa se entrena, aunque hay personas más capacitadas para ejecutarla fruto de su historia del aprendizaje personal. Este tipo de escucha ante todo supone desarrollar la capacidad de empatía, el valor de la reflexión común y la capacidad de exposición pertinente de la experiencia personal.

- Saber preguntar. La pregunta es la herramienta más poderosa que tenemos en nuestra capacidad de influencia. Crear dudas, ratificar certezas y gestionar las incertidumbres se hace desde la capacidad de hacer preguntas del aprendiz. Muchas veces nos centramos en dar respuestas y escuchamos poco al otro, cuando el verdadero aprendizaje se produce cuando alguien cuestiona lo considerado como correcto ante una pregunta esclarecedora.

- Saber retar. El reto es una encrucijada en la que tenemos que tomar una decisión para un lado o para otro. Retar es buscar situaciones donde empujar al aprendiz a tener que decidir cuál es la mejor opción de comportamiento y depositar en el entrenamiento la visualización de lograr dicho resultado inducido por el reto.

Escuchar, preguntar y retar configura el principal elenco de herramientas del *coach* o del mentor.

El *coaching* y el *mentoring* como vía de aprendizaje se han utilizado en la empresa en diversas situaciones:

* Inducción (*onboarding*). Para posibilitar un aprendizaje y acompañamiento personal en la integración de una persona nueva en el trabajo.

* Desarrollo profesional. Para ayudar al crecimiento profesional, donde un apoyo al crecimiento personal es muy útil cuando se promociona a una persona que debe asumir nuevas competencias por su nivel de responsabilidad mayor.

* Gestión del conocimiento. Para proceder a una transferencia de unos conocimientos específicos y de unas habilidades muy precisas que necesitan un entrenamiento muy preciso. En la tramitación de las experiencias el *mentoring* suele ser más eficaz que el *coaching*.

* Gestión del cambio. Para inducir la asunción del cambio en el comportamiento profesional del aprendiz. Para cambiar se necesita modificar las rutinas y salir de la ejecución de lo habitual.

* Gestión de la igualdad. Para modelizar cambios actitudinales muy profundos y saber salir del espectro del sesgo o prejuicio propio de una visión incorrecta de la diversidad.

* Desarrollo del liderazgo. Para implementar en la realidad de un determinado jefe o de personas que tienen responsabilidad de gestión sobre otras personas las conductas asociadas a la autenticidad para ser un líder.

El desarrollo de técnicas de *coaching* y *mentoring* en las firmas profesionales supone estructuras con un formato más profesional, aunque estas actividades ya se hicieron históricamente, pero con otros nombres.

Basarse en técnicas individualizadas de escucha y consejo produce ventajas muy analizadas por la ciencia de la psicología, como:

* Mejora del desempeño y de la productividad.

* Conocimiento y guía de la carrera de las personas.

- Mejora competencial (conocimiento, aptitudes y actitudes).

- Mejora de la confianza, lealtad y autoconsciencia.

- Mayor nivel de bienestar.

- Retención del talento.

- Mejora de la comunicación.

- Menor número de conflictos en las relaciones interpersonales.

Estos beneficios son triples: para el *coach* o mentor, para el *coachee* y el *mentee* y para la organización. En planteamientos masivos se requiere la utilización de plataformas tecnológicas de gestión de estos procesos.

10

DESARROLLO DEL TALENTO: SALUD LABORAL Y RESPONSABILIDAD SOCIAL CORPORATIVA

1. Desarrollo del bienestar: salud laboral y riesgos laborales

Como hemos visto, el bienestar está en la base del compromiso de los empleados y constituye el objetivo fundamental de todo desarrollo. Lo importante no es acumular destrezas y conocimientos, sino que sirvan para incrementar el bienestar de la persona. Este, a su vez, potenciará nuestro compromiso y, finalmente, se reflejará en una mayor productividad.

Con el modelo de los diez factores de bienestar de Auren (*vid.* gráfico 3.3), el desarrollo del bienestar debe asegurar los elementos del bienestar hedónico:

- Saber comer, dormir y realizar ejercicio para tener bienestar físico.

- Saber técnicas de gestión de estrés, control de ansiedad, gestión de conflictos, etc., para tener bienestar psicológico.

- Tener seguridad en las condiciones económicas para lograr el bienestar económico.

- Disponer de flexibilidad y de tiempo para tener bienestar en la conciliación.

En esta parte del bienestar hedónico hemos crecido en actividades de cambio de hábitos en alimentación, descanso y ejercicio. Asimismo, hemos fortalecido la dimensión psicológica mediante la práctica de técnicas contemplativas, como *mindfulness,* que proporciona recursos personales de afrontamiento frente a las diferentes situaciones empresariales. También hemos avanzado en la gestión de previsión social (seguros y pensiones) y en la concienciación de la importancia de la conciliación como el inicio de cualquier bienestar en el debate de lo personal y lo profesional.

Pero el desarrollo del bienestar también necesita apoyo del bienestar de propósito, que conlleva:

- **Desarrollo de la autonomía.** En la experiencia de empleado siempre es muy valorada la capacidad de autonomía que se adquiere para que cada persona sea la autora de su propio trabajo. Ayudar a la persona para que tenga los recursos necesarios para tener autonomía implica generar un mayor nivel de bienestar de propósito.

- **Desarrollo de la autoaceptación.** En la carrera de cualquier persona, cuanto antes acepte sus puntos débiles y fuertes, antes podrá cambiar. Sin autoaceptación no podemos iniciar un proceso de cambio que nos dé un mayor bienestar.

- **Desarrollo de las relaciones positivas con los demás.** En la dinámica diaria es fundamental fomentar relaciones sanas por su positividad entre las personas que configuran el ecosistema cercano de trabajo.

- **Desarrollo del control ambiental.** En la experiencia de empleado el dominio del entorno nos hace reconocer la seguridad para tener previsibilidad de las decisiones habituales. El control del ambiente nos condiciona la capacidad de tener bienestar.

- **Desarrollo del propósito de vida.** Cualquier persona que quiera tener bienestar debe saber si se encuentra en la empresa adecuada y, por tanto, si puede alinear su propósito personal con el de la compañía.

La salud y los riesgos laborales en una economía del conocimiento en la que se desarrollan las firmas profesionales se centra más en el bienestar de propósito. En un entorno fabril o de construcción, hay que poner el foco en la accidentabilidad física; en cambio, en nuestras empresas el principal riesgo está en los factores psicosociales. Los riesgos psicosociales necesitan una visión de desarrollo porque varían continuamente por la evolución de la propia persona, por los cambios organizativos (jefes y equipos) y por los cambios de mercado (incertidumbre y experiencia).

Por ejemplo, es importante desarrollar habilidades en la persona para poder afrontar situaciones de malestar que, sin ninguna duda, acontecerán en un futuro inmediato o a medio plazo en un momento de incertidumbre del mercado y de los negocios. El bienestar empieza y acaba en la satisfacción habitual de la persona con su trabajo.

2. Acción social: responsabilidad social corporativa y empleados

Desde mediados del siglo XX comenzó a fraguarse la idea de que las empresas, además de tratar de maximizar el beneficio para sus accionistas, tenían ciertas obligaciones con su entorno. Desde entonces, la idea de la llamada *responsabilidad social corporativa* (RSC) o *responsabilidad social empresarial* (RSE) ha evolucionado notablemente en su definición.

Hoy la concepción más extendida considera la RSE el compromiso asumido por las empresas para gestionar sus operaciones manteniendo un comportamiento ético, contribuyendo al desarrollo económico e integrando al mismo tiempo preocupaciones sociales y medioambientales. Este compromiso se traduce en una línea de actuación que promueve la transparencia, la acción social, el respeto a los derechos humanos y la dignidad de la persona.

En este sentido, una empresa es socialmente responsable cuando cumple con las expectativas que los diferentes grupos de interés, como empleados, clientes, proveedores, accionistas, administraciones públicas, ciudadanos y la sociedad en general, esperan de sus acciones.

Sin embargo, y en paralelo a esta corriente que abandera el modelo de empresa como auténtico motor del cambio de nuestra civilización, atravesamos un período de enorme falta de valores, que se ha convertido en una de las causas directas de las sucesivas crisis económicas que padecemos.

Mientras llevamos muchos años hablando del gran coste que supone implantar políticas de RSE, de si las compañías realmente pueden asumirlo, sobre si es viable económicamente ser «responsable social», de repente nos hemos dado cuenta de que hemos pagado un precio mucho mayor: el coste de la irresponsabilidad social.

Las diversas crisis financieras han puesto de manifiesto la importancia del modelo de negocio y de la forma de gestionar las empresas. La quiebra del marco cortoplacista ha mostrado, con más intensidad que nunca, la relevancia de la ética en los negocios. Las transacciones económicas se basan en la confianza, y lo sucedido ha supuesto una enorme pérdida de esta. El miedo y la desconfianza se han apoderado de los ciudadanos, y la paralización consiguiente ha generado efectos negativos en la economía global.

Ya desde la cumbre de Lisboa de marzo de 2000, Europa defiende la importancia de los valores contenidos en este nuevo enfoque de la actividad empresarial apostando por una empresa competitiva pero a la vez socialmente responsable. La Unión Europea insta a las empresas a que, en estos tiempos de crisis, se preste especial atención a la responsabilidad corporativa, ya que mantener políticas de RSC a largo plazo puede proporcionar importantes beneficios, tanto económicos, derivados de una mejor gestión e implicación de los empleados, como de imagen y reputación.

En conclusión, cabe afirmar rotundamente que elementos del gobierno corporativo, como la adecuada gestión de riesgos, la existencia de mecanismos de control y auditoría, el cumplimiento de códigos de buen gobierno y, en definitiva, una gestión de la empresa presidida por un comportamiento ético, son pilares fundamentales de la RSC y apoyos básicos para contribuir a paliar los efectos de la crisis.

En este sentido, numerosas compañías se han adherido al Pacto Mundial de las Naciones Unidas, lo que supone asumir los siguientes compromisos:

- Apoyar y respetar la protección de los derechos humanos fundamentales, reconocidos internacionalmente, dentro de su ámbito de influencia.

- Asegurarse de que sus proveedores no son cómplices en la vulneración de los derechos humanos.

- Apoyar la libertad de afiliación y el reconocimiento efectivo del derecho a la negociación colectiva.

- Apoyar la eliminación de toda forma de trabajo forzoso o realizado bajo coacción.

- Apoyar la erradicación del trabajo infantil.

- Apoyar la abolición de las prácticas de discriminación en el empleo y la ocupación.

- Mantener un enfoque preventivo que favorezca el medioambiente.

- Fomentar las iniciativas que promuevan una mayor responsabilidad medioambiental.

- Favorecer el desarrollo y la difusión de las tecnologías respetuosas con el medioambiente.

- Trabajar contra la corrupción en todas sus formas, incluidas la extorsión y el soborno.

No es responsabilidad social

La RSE no es una moda pasajera; a estas alturas ha quedado demostrado. Es una nueva forma de entender y de gestionar la empresa basada en la integridad, la transparencia, la legitimidad social y la sostenibilidad de los negocios.

La RSE no es un gasto, sino que, por el contrario, contribuye al impulso de la excelencia en la competitividad. En este sentido, y debido a que está orientada a incidir de forma positiva en los resultados, busca nuevas formas de ingresos, aspecto ligado a la adopción de nuevos enfoques de negocio, como las energías renovables, la eficiencia energética, el turismo sostenible o los servicios a la tercera edad.

La RSE no supone un riesgo económico para la empresa. El buen gobierno y la reducción de costes son otros de los objetivos que debe incluir toda política responsable: mejora de la gestión y de los procesos, ahorro de energía, actualización de los equipos y sistemas, etc.

Tampoco es un factor ajeno o complementario a la estrategia general de la compañía o a su modelo de negocio. La aplicación de códigos de buen gobierno, el desarrollo de los controles internos, el incremento de la transparencia y la consideración de la ética como un principio indiscutible en toda relación económica son algunos de los elementos que han de defenderse desde las empresas responsables.

La RSE no es política de cara a la galería; trabaja con el fin de buscar la satisfacción del cliente y refuerza su fidelidad y su conexión emocional con la marca, siempre mirando el largo plazo, no solo los resultados inmediatos.

La RSE no es un activo que pueda quedar fuera de la información que hay que proporcionar a los grupos de interés. Debido a su incidencia en los beneficios tangibles de las organizaciones, resulta condición indispensable que se reporte de todas y cada una de las prácticas que se desarrollen bajo esta premisa en memorias de RSE. Y, para que estas gocen de la credibilidad necesaria, es imprescindible que la información contenida sea verificada por auditores independientes y especializados en la materia.

También cabe resaltar el importante movimiento internacional que se está produciendo en materia de información corporativa. En este sentido, parece imparable el desarrollo del llamado *integrated reporting* (informe integrado), en el que las empresas facilitan anualmente información financiera, social, medioambiental y de gobierno corporativo.

Un nuevo avance: los criterios ESG

Durante el siglo XIX y gran parte del XX, la empresa ha representado el motor fundamental del progreso y del bienestar de nuestra sociedad. Sin embargo, en las últimas décadas se ha producido una quiebra de la confianza de los ciudadanos en la institución empresarial. A las compañías se les acusa de ser causa de desigualdades, corrupción, daños al medioambiente, fraude fiscal, etc. El conocido aforismo de Friedman *The only business of business is business* ha sido un mantra utilizado por los enemigos del capitalismo salvaje y, por ende, de la organización empresarial.

Afortunadamente, los tiempos están cambiando. Las compañías, reflejo de una sociedad abierta y plural, están evolucionando a modelos en los que maximizar el beneficio no es su único objetivo, sino que tratan de armonizar los fines de los grupos de interés que las rodean y con los que interactúan.

Cada vez se habla con mayor intensidad de que las empresas incluyan en su estrategia criterios ESG (*environmental, social, governance*).

Este nuevo paradigma es asumido por las compañías por tres motivos fundamentales: normativa, mercado y propósito. Respecto al primero, porque así se lo requiere una legislación cada vez más exigente. Esta regulación, para algunos excesiva, impone medidas no directamente relacionadas con la actividad de la empresa pero que obligan a sus órganos de gobierno a implantarlas, con un coste económico y cultural que deben asumir. Nos estamos refiriendo a las nuevas obligaciones no económicas relacionadas con la transparencia, sostenibilidad, diversidad, protección de datos, no discriminación, etc. Sirvan de ejemplo la reciente regulación del estado de información no financiera (EINF) o la de los planes de igualdad.

En segundo lugar, la obligación viene exigida por el mercado. Porter profetizó, mucho antes de la extensión y puesta en práctica de estas nuevas ideas, que la ética, el buen gobierno y la responsabilidad social son activos tan importantes como el conocimiento y la gestión. La creciente presión de los grupos de interés hace que las empresas que no cuenten en su estrategia con preocupaciones sociales, medioambientales y de buen gobierno serán gravemente perjudicadas por sus clientes y consumidores, que buscarán otras alternativas; por sus proveedores, y, sobre todo, por sus empleados.

Esta nueva ola es una bandera que enarbolan la mayoría de los jóvenes, que no están dispuestos a participar en proyectos cuyo único fin sea el beneficio.

La tercera razón es más kantiana: la empresa tiene una obligación ética con su entorno y ha de crear valor para todos los grupos de interés, no solo para sus accionistas.

Este abandono del credo a la primacía del socio supone un extraordinario cambio filosófico: deben equilibrarse el beneficio y el propósito de hacer un mundo mejor. El mayor exponente de este nuevo enfoque lo manifestó en 2019 la Business Roundtable, organización que agrupa a las mayores corporaciones empresariales de Estados Unidos, en el que se asume un cambio de visión radical sobre el objetivo de sus empresas.

Esta nueva posición se compromete a entregar bienes o servicios de valor a sus clientes, a invertir en sus empleados y compensarlos de forma justa, a negociar de forma ética con sus proveedores, a apoyar a las comunidades donde se asientan las empresas y a tener una visión a largo plazo a la hora de generar rentabilidad a sus accionistas.

Con independencia de que los firmantes del documento puedan haberlo hecho por razones estratégicas, por lavado de imagen, por la presión del entorno o por pura convicción, y aunque muchos lo consideran una burda herramienta de marketing que quedará en papel mojado, lo cierto es que algo está cambiando en el mundo empresarial.

Los órganos de gobierno de las compañías han de tomarse muy en serio la integración de este cambio de visión en sus políticas estratégicas. Para ello, las firmas de servicios profesionales en general, y en especial los despachos de abogados, tenemos un papel esencial en el asesoramiento y la implantación de las medidas conducentes a cumplir este nuevo escenario regulatorio y de mercado. Con esta finalidad, las firmas hemos desarrollado, entre otros, servicios de elaboración y auditoría del EINF y de planes de igualdad y hemos implantado estándares normalizados en materia medioambiental o de RSE y servicios de *compliance,* auditoría interna y buen gobierno.

En el actual contexto de mentalidad ciudadana, la empresa necesita legitimidad social, y la ética y los negocios tienen que avanzar por vías convergentes porque ambos se retroalimentan. La última gran crisis y las malas prácticas empresariales que la precedieron obligaban a realizar un cambio de rumbo. Por tanto, el camino iniciado es acertado.

Sin embargo, hay que ser cuidadosos con el exceso de regulación, sobre todo si se traduce en un aumento inútil de burocracia. Ya sabemos que la diferencia entre el veneno y la medicina solo está en la dosis. Quizás en algunos casos se podría utilizar la figura del derecho indicativo, del principio de cumplir o explicar, que faculta a que una determinada recomendación no se aplique, si se argumenta, lo que permitiría respetar los valores pretendidos.

La responsabilidad social de las firmas profesionales

Las firmas y los despachos profesionales, como empresas que son, deben plantearse su política de RSE tratando de asumir compromisos sociales y de atender las demandas de la sociedad que van más allá de la actividad del negocio.

Las firmas, por su propia actividad y por su sujeción a normas éticas y de deontología profesional, están obligadas a:

- Ofrecer a sus clientes servicios de calidad que satisfagan sus necesidades y expectativas.

- Contribuir al desarrollo personal y profesional de las personas que las integran.

- Establecer con sus proveedores una relación de mutuo beneficio y exigirles el respeto a todos los principios éticos y a las cuestiones legales que sean de aplicación.

- Lograr un impacto positivo más allá de su entorno inmediato de influencia mediante la colaboración con organizaciones del Tercer Sector o cualquier otra que contribuya a la mejora de la sociedad.

- Buscar el crecimiento sostenible y el desarrollo a largo plazo.

- Cumplir todas las normativas y reglamentaciones legales aplicables a su actividad y otras recomendaciones que la organización asuma de forma voluntaria.

Muchos despachos y firmas han creado comités de RSE para canalizar las acciones que se emprendan en esta materia, determinando principios de actuación, objetivos y planes para alcanzarlos.

Respecto a comunicar o no las políticas de RSE desarrolladas por las firmas, hay que poner en la balanza las ventajas y desventajas que ello representa. Como aspectos positivos de esta comunicación podemos indicar los siguientes:

- Mejora de la reputación corporativa y del posicionamiento de marca.

- Mayor capacidad de contratar y retener el talento, sobre todo entre los profesionales más jóvenes, que valoran especialmente este tipo de acciones.

- Sensibilización de los diferentes grupos de interés que se relacionan con la firma.

Pero también hay claros elementos negativos, fundamentalmente el que se percibe como algo cosmético y simplemente marketing (*greenwashing*).

Los diversos grupos de interés con los que se relaciona una firma profesional y hacia los que debe dirigir sus políticas de RSE incluyen:

- Los propios socios de la firma (accionistas).

- El equipo de los profesionales que trabajan en la firma.

- Sus clientes y proveedores.

- La competencia.

- Las organizaciones y asociaciones profesionales.

- La Administración Pública.

- La sociedad en general.

A continuación se muestran algunos ejemplos de las diferentes estrategias de RSE que pueden implementarse en una firma profesional:

- Estrategias externas:
  - Alineamiento con los Objetivos de Desarrollo Sostenible (ODS) de la ONU.
  - Acciones de cooperación al desarrollo.
  - Acciones probono (según la ONG Pilmet, la actividad probono en España está a la cola de Europa).
  - Patrocinios y mecenazgo.
  - Proyectos de educación.
  - Contribución medioambiental.
  - Inversiones en I+D+i.
  - Políticas de sensibilización en cuestiones sociales.
- Estrategias internas:
  - Código ético y *compliance*.
  - Políticas de igualdad y diversidad.
  - Conciliación familiar.
  - Implantación de un sistema de gestión de la RSC (ISO 26000).
  - Formación de los equipos.
  - Sostenibilidad y medioambiente:
    - Implantación de la ISO 14001.
    - *Paperless,* eliminación del plástico, muebles con materiales sostenibles, etc.
    - Reducción de la huella de carbono.
    - Eficiencia energética.
    - Reciclaje.
    - Actividades deportivas.

11
GESTIÓN DE SOCIOS

1. Fórmulas para el ejercicio profesional

El vehículo utilizado para la prestación de servicios profesionales ha experimentado una evolución a lo largo del tiempo desde el ejercicio individual, un modelo tradicional usado por abogados desde hace cientos de años y aún vigente, hasta fórmulas más sofisticadas que combinan a socios capitalistas propietarios de la firma y socios profesionales.

Analicemos las diferentes soluciones empleadas:

- **Ejercicio individual.** Aunque la mayoría de los profesionales prestan sus servicios a través de modelos asociativos con otros colegas, todavía quedan numerosos abogados y auditores que ejercen su profesión de forma individual.

- **Ejercicio compartido.** También propio de abogados, consiste en operar en la misma ubicación física pero con cuentas de resultados independientes. Es decir, los profesionales se agrupan para compartir gastos y poder realizar determinadas colaboraciones.

- **Partnerships.** Es el modelo de asociación empresarial que se ha impuesto en las últimas décadas por todo el mundo. En él se busca mayor crecimiento y rentabilidad al unir fuerzas entre diferentes profesionales.

  Sus características principales son las siguientes:
  - Responsabilidad solidaria: cada socio asume solidariamente la responsabilidad por las actuaciones de los demás.
  - Propiedad: los socios propietarios de la firma son un conjunto reducido de profesionales.
  - Meritocracia: la posición de socio se alcanza por el mérito profesional, sin que el capital sea un elemento relevante.
  - Sistemas de compensación de socios: normalmente, se comparte de forma igualitaria una parte del resultado generado.
  - Venta cruzada: aunque suele ser fuente de numerosos conflictos, el *partnership* trata de favorecer la venta cruzada de servicios entre los diferentes profesionales que lo conforman.
  - Compartir gastos de estructura: servicios internos, marketing, administración, recursos humanos, innovación, etc.

- **Estructuras corporativas: socios capitalistas y socios profesionales.** En este momento existen diversas cuestiones que ponen en duda la bondad del modelo del *partnership,* como: las exigencias de crecimiento continuo, el incremento de la necesidad de capital, las tensiones entre la marca del despacho y las marcas individuales de los socios, el compromiso de los socios de cara al crecimiento, las dificultades para que las nuevas generaciones acepten modelos de plan de carrera *up or out* —ascender para no ser despedido— o la estandarización de determinados servicios.

  Todos estos motivos han dado origen a la aparición de modelos en los que parte del capital, en algunos casos el 100 %, está en manos de socios capitalistas, fondos de inversión o pequeños accionistas a través de su cotización en Bolsa.

  Aunque aún no existen demasiados casos, estos modelos corporativos están empezando a proliferar, fundamentalmente en el ámbito anglosajón, en servicios jurídicos o de consultoría, cuya propiedad está en manos de fondos de inversión o cotizando en Bolsa.

Algunos ejemplos notables incluyen Accenture en consultoría o despachos de abogados que cotizan en Bolsa, como DWF, KEYSTONE o KNIGHTS. También hay firmas multidisciplinares de propiedad de socios capitalistas, como ETL.

2. Propiedad de las firmas

Durante las últimas décadas, hemos podido ver cómo las firmas de servicios profesionales han experimentado notables cambios, tanto en el modelo de negocio como en las relaciones con los clientes y el resto de los grupos de interés. Las razones de esta transformación se han originado por múltiples causas relacionadas con la globalización: nuevas tecnologías, complejidad de los negocios, aparición de nuevas fórmulas de prestación de servicios (*legaltech*), nacimiento y éxito de las redes sociales, liberalización del sector legal, incremento de la competencia o importancia creciente de las marcas de los despachos frente a las personales de sus socios.

Sin embargo, todavía está pendiente otra gran revolución: el cambio en el modelo de gobernanza y de la organización interna corporativa de los despachos.

Es obvio que las empresas de servicios profesionales son mucho más intensivas en capital humano que en financiero, pero también resulta evidente, debido a las indudables ventajas competitivas que ello representa, que, más pronto que tarde, vamos a empezar a ver con normalidad la entrada de socios capitalistas en las firmas profesionales.

En España, desde 2007, con la aprobación de la Ley de Sociedades Profesionales, se permite la participación de hasta un 49 % en el capital y en los derechos de voto a socios financieros no profesionales. Algo similar ocurre en otros países de nuestro entorno, como Reino Unido, Alemania o Portugal.

Existen numerosas razones que avalan la conveniencia de este cambio en la propiedad de los despachos, pero destacan dos:

- **Razones de gobernanza empresarial.** Suele argumentarse que los socios profesionales tienen una visión más cortoplacista, ya que su carrera está limitada por la edad de jubilación obligatoria que, en muchos casos, está fijada antes de los sesenta años.

Los socios capitalistas no tienen fecha de caducidad y, por tanto, pueden garantizar mejor la sostenibilidad de la firma.

* **Evidente motivo financiero.** Las firmas profesionales deben tratar de estar en crecimiento permanente (el que no crece, decrece), lo que exige un nivel elevado de recursos para mantenerse en la vanguardia de la tecnología; retener el talento; desarrollar acciones de marketing; adquirir otros despachos; internacionalizarse, etc. Otra razón fundamental es la disciplina, el rigor y la profesionalidad en la gestión exigida a los socios financieros. Las firmas profesionales normalmente no se caracterizan por su excelencia en procesos, organización interna, análisis económico-financiero, etc., pero un socio capitalista, como un fondo de inversión o un *family office,* está acostumbrado a gestionar con esos criterios.

Por último, las sociedades profesionales con socios capitalistas serán más transparentes en su gestión y en sus finanzas ya que, de alguna forma, tendrán que reportar a los socios financieros.

También hay argumentos en contra de esta política de apertura de capital. La mayoría de las opiniones contrarias arguyen razones deontológicas y éticas. La confidencialidad, los conflictos de interés o la falta de independencia son cuestiones que hay que tener muy en cuenta porque suponen uno de los pilares fundamentales de los servicios profesionales. Además, las estructuras capitalistas puras pueden poner en peligro la cultura de la firma y hacen muy difícil la fidelidad de sus equipos, que no tendrán un plan de carrera tradicional, ya que no podrán alcanzar la posición de socio.

En definitiva, sopesando argumentos a favor y en contra, parece razonable pensar que los modelos que se van a ir imponiendo serán fórmulas mixtas en las que coexistan los socios profesionales con los capitalistas, ofreciendo a los profesionales que se vayan jubilando la posibilidad de pasar a ser socios de capital del despacho en el que han desarrollado su carrera.

3. Gobernanza y organización interna

La gobernanza y organización interna son aspectos fundamentales para que una firma profesional pueda alcanzar sus objetivos.

La gobernanza se refiere al conjunto de estructuras, procesos y normas que guían y regulan el comportamiento de la firma. La organización interna de una firma profesional se refiere a cómo se estructuran y coordinan las diversas funciones y unidades dentro de la organización para lograr sus metas. Esto implica la asignación de roles y responsabilidades, la definición de líneas de autoridad, la gestión de recursos humanos y la implementación de sistemas eficientes de comunicación y colaboración.

Estructura piramidal

Toda firma debe disponer de una clara organización interna en cuanto al reparto de funciones entre socios, con un enfoque de estructura empresarial y dirigida por unos órganos de gobierno que la conduzcan hacia sus objetivos.

En numerosas ocasiones, en despachos y firmas pequeñas, los socios tienen una visión individual, en la que cada uno gestiona a sus clientes pero no existen coordinación ni organización interna adecuada. De este modelo hay que pasar a una auténtica organización empresarial en la que los socios actúen de forma conjunta con el objetivo fundamental de la continuidad del negocio.

Gráfico 11.1 Asociación versus organización empresarial

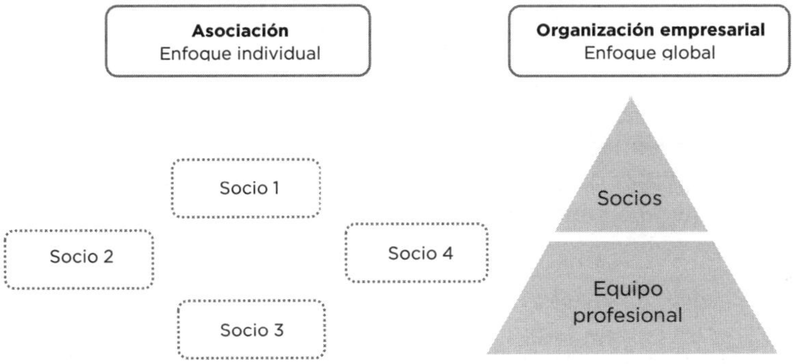

Las firmas profesionales han de estar organizadas en una estructura piramidal que les permita:

- Disponer de un modelo de gobernanza que descanse sobre los socios.
- Definir un plan de carrera.
- Motivar a los equipos para lograr escalar dentro de la organización.
- Dotarse de un sistema de control de calidad en el que el superior de la pirámide revisa el trabajo de las líneas inferiores.

Dependiendo del tipo de firma, las denominaciones de cada uno de los escalones de la pirámide son diferentes, pero en general podemos indicar las siguientes categorías:

Tabla 11.1 Categorías profesionales en las firmas

AUDITORÍA	ABOGADOS Y ASESORES	CONSULTORÍA	*CORPORATE FINANCE*
Socio de cuota	Socio de cuota	Socio de cuota	Socio de cuota
Socio profesional	Socio profesional	Socio profesional	Socio profesional
Sénior mánager --- Gerente	Mánager	Gerente	Director
Supervisor	Abogado sénior	Abogado sénior	
Sénior	Abogado	Consultor	Analista sénior
Auditor júnior	Abogado júnior	Consultor júnior	Analista júnior

En muchas firmas, además, existe la figura del *of counsel*, especialmente en el área jurídica, que suele recaer en profesionales con experiencia que colaboran con la firma a tiempo parcial.

Organización interna

Por otra parte, las firmas presentan diferentes organizaciones internas en función de los servicios prestados, oficinas o territorios, sectores, funciones, etc.

Algunos ejemplos de este tipo de organización son:

Gráfico 11.2 Organización de la firma por especialidad

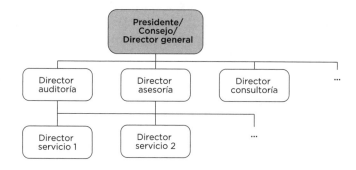

Gráfico 11.3 Organización de la firma por especialidad

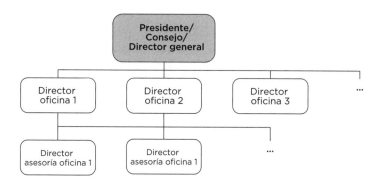

Gráfico 11.4 Organización de la firma por sectores

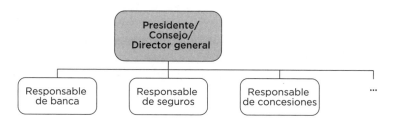

Gráfico 11.5 Organización de la firma por funciones

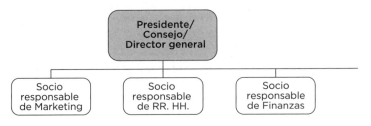

En numerosas ocasiones estas estructuras organizativas se solapan creando organizaciones matriciales. Respecto a la gobernanza, el esquema habitual es que exista la siguiente configuración:

Gráfico 11.6 Gobernanza de la firma

Además, muchas firmas crean diferentes comités para gestionar diversos aspectos de la organización. Algunos de los ejemplos más habituales son:

- Comité de retribuciones. Toma decisiones sobre ascensos dentro de la organización, incremento de salarios y bonos anuales. En algunos casos, también puede tener opinión respecto a la retribución de los socios.

- Comité de marketing y desarrollo de negocio. Se consensuan acciones de posicionamiento de la marca, políticas de venta cruzada, *partners,* etc.

- Comité de formación. Vela por la calidad de la formación interna y, en su caso, por los itinerarios formativos de cada profesional.

- Comité de socios. Sus funciones suelen ser de arbitraje en conflictos entre socios, nombramiento de nuevos socios, salidas, etc.

- Comité de estrategia. Configura el plan estratégico de la firma y su seguimiento.

- Comité de innovación. Se crea para facilitar las políticas de innovación de la firma en cuanto a tecnología, recursos humanos, marketing, etc.

Servicios internos

Otra parte fundamental de la organización interna de las firmas la constituyen sus servicios internos, conocidos con diferentes denominaciones: *staff,* soporte, *back office,* etc. Son esenciales para el correcto funcionamiento de la firma en tareas que no generan ingresos de forma directa. Suele decirse que su cliente, igual de importante, es el cliente interno, es decir, la propia firma. Algunos de los servicios más habituales en las firmas profesionales son los siguientes:

- Recursos humanos.

- Tecnología.

- Marketing.

- Desarrollo de negocio.

- Compras y relación con proveedores.

- Administración.

Gestión de los socios

Uno de los aspectos que más dificultades entraña en la gestión de una firma consiste en armonizar los intereses de los socios. En esta ardua tarea no solo han de considerarse cuestiones económicas, que probablemente serán las de mayor importancia, sino que también deben buscarse adecuados equilibrios en cuanto a poder, responsabilidad, visibilidad, representación, cargas de trabajo, etc.

Desde el punto de vista económico, aspecto que se trata con detalle más adelante, debe implantarse un modelo de retribución que armonice dirección y ejecución de los trabajos, acción comercial, asuntos internos, gestión de equipos o labores de representación.

Aún puede resultar más complejo el equilibrio entre los socios en cuestiones como el poder y la visibilidad en la firma. En estas materias se entremezclan aspectos de organización y gestión con otros más psicológicos que dependerán en gran medida del carácter individual de cada socio. Para algunos será fundamental que se reconozca su posición, tanto interna como externamente, mientras que otros carecerán de todo afán de protagonismo.

Los primeros requerirán su espacio para hacerse visibles en toda ocasión que lo permita (medios de comunicación, actos y eventos, etc.), mientras que los segundos se moverán por otro tipo de intereses.

La última de las cuestiones, también origen de frecuentes controversias, es el adecuado equilibrio entre las cargas de trabajo que hay que repartir entre cada socio.

Gráfico 11.7 Gestión interna de los socios

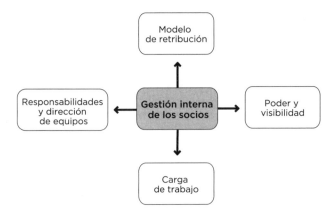

4. Acceso a socio

Los socios constituyen el máximo nivel político, profesional y de representación de la firma. Sus responsabilidades se centran en velar por el cumplimiento de la cultura, las estrategias y el plan de acción de la organización desde las funciones que les correspondan en cada momento. Han de tener responsabilidades técnicas, de dirección de equipos, comerciales, de gestión de clientes y sobre la evolución global de la firma.

Una firma o un despacho con capacidad para mantenerse en el tiempo y, por tanto, trascender a sus socios fundadores debe tener abierta la posibilidad de que los profesionales de mayor valía y compromiso puedan alcanzar la condición de socio. De lo contrario, abandonarán la firma y se establecerán por su cuenta o se moverán a la competencia, pudiendo dañar gravemente a la clientela y al equipo profesional. En resumen, el acceso a la condición de socio ha de garantizarse para los profesionales que, en su evolución y desarrollo profesional, se hagan acreedores de este derecho. Por tanto, no tiene que estar supeditado a si ha sido o no fundador de la firma o a las relaciones familiares con ellos. La estructura de participaciones debe ser dinámica, de forma que pueda recompensar la trayectoria profesional de personas que acrediten tener unas competencias destacadas.

Las firmas y los despachos han de disponer de reglas claras, transparentes y escritas en las que se establezcan los requisitos de acceso a la condición de socio.

Entre las nuevas generaciones se está extendiendo la tendencia de no considerar un objetivo el acceso a la sociatura. Las razones que se argumentan para esta nueva posición son:

- Valorar más la vida privada que el trabajo.

- No estar dispuestos a asumir los riesgos económicos que conlleva la condición de socio.

- No renunciar a ser trabajadores independientes en cuanto a sus ventajas sociales.

Debido a esta situación, en muchas firmas se ha creado la figura de socio profesional o no de cuota.

Sin embargo, en la mayoría de los casos los profesionales más valiosos suelen tener la expectativa de que su plan de carrera culmine con su promoción a socio y, por tanto, de participar en el reparto de los beneficios que genere la firma, además de ser una de sus caras visibles y parte de la toma de decisiones.

La mayoría de las firmas establecen cuatro tipos de requisitos para alcanzar el estatus de socio:

- Poseer determinadas cualidades personales y profesionales.
- Que la firma mantenga un ratio determinado de facturación por socio.
- Ser aprobado por el resto de los socios.
- Adquirir las acciones o participaciones correspondientes.

Decálogo de cualidades personales y profesionales de los socios

Las cualidades personales y profesionales de los socios de una firma profesional desempeñan un papel fundamental en la dirección y el éxito de la organización. Resumimos los atributos fundamentales en el siguiente decálogo:

1. **Profesionalidad.** Debe tener tanto conocimientos profesionales como generales y especializados, además de una experiencia probada en la profesión y una actitud de formación permanente.

2. **Actitud de servicio.** Actitud de empatía, tanto ante las necesidades del cliente como de la firma. Ha de sentir la inquietud de la mejora permanente y, por tanto, de la formación y promoción de los profesionales a su cargo.

3. **Liderazgo.** Tiene que obtener el reconocimiento externo, tanto en el ámbito profesional como en el personal. Ha de tener capacidad para la dirección de equipos humanos, así como capacidad de delegación. Su valía y su liderazgo han de ser reconocidos por el grupo, especialmente por el resto de los socios.

4. **Sentimiento de pertenencia a la firma.** Debe asumir que su realización profesional está vinculada al cumplimiento de los objetivos colectivos y transmitir al resto este mismo sentimiento.

5. **Actitud participativa.** Ha de ser capaz de trabajar en equipo, valorando a las personas y siendo flexible en sus posiciones, lo que se debe traducir en una actitud de diálogo. Ha de aceptar

los criterios de la mayoría y reflexionar sobre la razón que puede asistir a opiniones contrarias a la propia.

6. **Capacidad de representación.** Debe estar capacitado para representar adecuadamente a la firma, tanto ante los clientes como en las acciones que permitan transmitir una determinada imagen de la firma.

7. **Habilidades comerciales.** En cuanto a ser el máximo responsable de la obtención de ingresos para la firma.

8. **Cultura personal.** Debe dar una imagen de persona culta, equilibrada y con conocimiento del entorno.

9. **Exclusividad.** El socio ha de tener una relación exclusiva de trabajo con la firma, si bien pueden plantearse excepciones, como la impartición de formación, la representación en organizaciones profesionales o empresariales, etc., que deben consensuarse con el resto de los socios.

10. **Comportamiento ético.** El socio debe mantener un comportamiento profesional acorde con los valores de general aceptación en las actividades que se desarrollan en la firma y los contenidos en su código de ética profesional.

En resumen, los socios de la firma, desde el punto de vista profesional, deben tener aptitudes para generar y fidelizar a clientes, obtener resultados económicos, desarrollar las capacidades de los equipos profesionales e implantar y conducir los procesos de la organización.

En pequeños despachos es frecuente cometer el grave error de hacer socios a hijos o familiares de los fundadores sin considerar su capacidad y su valía. Esto puede poner en peligro la continuidad del despacho cuando los profesionales de segundo nivel vean truncadas sus posibilidades de carrera y promoción profesional y pasen a depender de personas sin la suficiente experiencia y capacitación.

Ratio de facturación por socio

Las firmas profesionales, y en general cualquier otra organización, deben presentar una estructura piramidal. Si se incrementa en exceso el número de personas en la parte más alta de la organización, se pasará a una pirámide invertida que hará difícil el gobierno y la rentabilidad del despacho.

Por ello, las firmas han de establecer un ratio de facturación por socio, que dependerá del tamaño, la actividad, la estructura, etc., de cada una. Este ratio debe mantenerse en el tiempo, por lo que, para que pueda existir la posibilidad de incorporar nuevos socios, deberá:

- Incrementarse la facturación.
- Disminuir el número de socios (por salidas, jubilación, etc.).

Aprobación por el resto de los socios

En algunas firmas la aprobación requerida ha de ser por unanimidad, mientras que en otras lo será por mayorías reforzadas (por ejemplo, que no exista oposición expresa de un número de socios superior a X o de un porcentaje Y del capital).

La unanimidad siempre garantiza mayor solidez a la decisión, pero puede conllevar situaciones de bloqueo no deseables.

Adquisición de las acciones o participaciones

Aunque en algunas firmas las acciones o participaciones se entregan liberadas, sin ninguna contraprestación, parece recomendable que al menos en firmas y despachos pequeños y medianos el nuevo socio pague sus participaciones. Esto será fundamental para permitir la necesaria liquidez en la renovación de accionariado, de forma que puedan adquirirse las acciones a los que se jubilan o salen de la firma.

Deberán darse facilidades para el pago aplazado de los importes que se establezcan y tenerse en consideración posibles ajustes en el precio consecuencia de la aportación de valor del trabajo realizado por el nuevo socio en los años anteriores.

Por último, no cabe duda de que la cualidad de socio requiere una larga experiencia profesional dentro de la firma. Aunque los criterios no son homogéneos, en la mayoría de las firmas se exige una experiencia de 9-12 años.

5. Modelos de retribución de socios

Probablemente, la retribución de los socios es una de las cuestiones más complejas y sensibles en una firma profesional y suele ser origen de tensiones y conflictos, que pueden incluso llevar a la disolución del despacho.

El modelo de retribución por el que se opte debe tratar de equilibrar los distintos tipos de socios, sus funciones, su aportación de valor y su carga de trabajo.

Sobre esta cuestión resulta imposible proponer dogmas que resuelvan el problema; hay que buscar el modelo más adecuado en función de las circunstancias y de la experiencia de cada firma.

Los diferentes modelos de compensación de socios se pueden agrupar en tres grandes sistemas:

- **Modelo igualitario (*lockstep*).** Retribuye a los socios por igual, en función de su experiencia y su antigüedad en la firma, con independencia del trabajo realizado por cada uno o de sus aportaciones a la facturación global.

  Es decir, parte de la presunción de que todos los socios contribuyen en la misma medida de acuerdo con su categoría, por lo que puede producirse una clara disociación entre lo que el socio aporta al negocio y lo que recibe a cambio.

- **Modelo EWYK (*eat what you kill,* 'comes lo que matas').** Consiste en retribuir al socio en función de la facturación obtenida y gestionada, así como de su resultado individual. En definitiva, cada socio recibe una parte del beneficio generado por la firma gracias a su trabajo directo, una vez descontados los costes de estructura.

- **Modelos híbridos.** Entre los dos sistemas extremos descritos, se han desarrollado numerosos modelos mixtos que tratan de combinar las ventajas de cada modelo y reducir, en la medida de lo posible, las desventajas.

La siguiente tabla recoge las ventajas e inconvenientes del modelo igualitario y el modelo EWYK:

Tabla 11.1 Ventajas e inconvenientes del modelo igualitario y del modelo EWYK

Modelo	Ventajas	Inconvenientes
LOCKSTEP	• Claridad • Previsibilidad • Refuerzo de la cohesión interna • Favorecimiento de la venta cruzada • Los clientes se consideran de la firma, no del profesional	• No reconocimiento de méritos individuales • Difícil de equilibrar entre oficinas y países • Lucha generacional • No atracción de talento • No favorecimiento del crecimiento
EWYK	• Reparto más justo • Motivación para el incremento de la facturación • Búsqueda de nuevos clientes, sectores o servicios • Buena gestión de los cobros • Control de costes	• Falta de incentivo para horas no facturables: representación, innovación, formación, marketing, etc. • Generación de competitividad interna e individualismo • No favorecimiento de la venta cruzada • No hay espíritu de equipo • El socio se cree dueño del cliente • Los socios pueden querer acaparar trabajo, lo que puede perjudicar la calidad

Algunos de los sistemas de retribución existentes en el mercado son los siguientes:

- **Retribución por puntos.** Aunque hay diversas variantes, el más extendido establece una remuneración fija igualitaria para todos los socios y una variable en función de diferentes parámetros. A cada uno de los conceptos que hay que valorar se le asignan puntos que hay que repartir entre los socios. Del beneficio antes de socios (BAS) se detrae la parte fija y se divide el importe restante entre los puntos obtenidos por todos los socios. De esta forma, en cada ejercicio se obtiene el valor económico del punto.

  Algunos ejemplos de los parámetros que hay que considerar en la asignación de puntos son:
  - Generación de negocio.
  - Venta cruzada.
  - Potenciación de la marca.
  - Representación de la firma.
  - Dirección y gestión de equipos profesionales.
  - Conocimiento y soporte técnico.
  - Desarrollo de nuevos servicios/Innovación.
  - Impartición de formación.
  - Aportaciones excepcionales.

- **Hale & Dorr.** Bautizado así por ser desarrollado por la firma del mismo nombre en la década de 1940, valora a los socios con diferentes porcentajes en función del trabajo aportado, de las horas facturadas y de la fidelización de los clientes.

  El modelo reparte el resultado de la forma siguiente:
  - 10 % captación de clientes.
  - 20 % fidelización de los clientes.
  - 60 % ejecución de trabajos.
  - 10 % premio de actuaciones excepcionales.

  El mayor defecto de este modelo es que solo valora las aportaciones en relación directa con el negocio obtenido o generado, pero no tiene en cuenta intangibles como la gestión de personas, el posicionamiento de la marca, la estrategia, la tecnología o la formación.

- **Modelo 50/50.** En este sistema un 50 % del resultado se asignará por criterios objetivos (generación de negocio, facturación, etc.) y otro 50 % por criterios subjetivos (formación, promoción de la marca, desarrollo de equipos, gestión interna, etc.)

- **Modelo *team building*.** Se basa en desarrollar el trabajo en equipo, la forma que valora, por ejemplo:
  - 50 % resultados de la firma.
  - 40 % resultados del área de negocio.
  - 10 % resultados individuales.

- *Units.* Este modelo se basa en la asignación de puntos base (*units*) a cada socio de una forma periódica. El comité que fija estos puntos, que puede ser el propio comité ejecutivo de la firma o un comité de retribuciones creado con este fin, tiene en cuenta el mérito profesional de cada socio. La fijación de los *units* se suele realizar para varios años, pero puede revisarse cuando se producen modificaciones sustanciales que así lo aconsejen.

Este sistema presenta como ventaja que dota a la firma y a sus socios de una estabilidad a medio y a largo plazo, pero debe ser compensado con cierta variabilización de parte del beneficio asignado para poder recompensar, en cada ejercicio, a los socios que hagan aportaciones de mayor valor.

En todo caso, lo que parece claro es que no hay ningún sistema válido para todas las firmas; lo verdaderamente importante es que el modelo elegido esté alineado con la estrategia y la cultura del despacho. Por otra parte, el modelo debe evolucionar en el tiempo en función del desarrollo del mercado, la firma y los propios profesionales.

Además de lo indicado, en algunas firmas se retribuye también al capital, ya que no es homogéneo en todos los socios y, por tanto, tiene un valor que puede retribuirse vía dividendos y cuando se produce la salida del socio de la firma.

Cualquier sistema o modelo que se elija no será perfecto y, por tanto, será recomendable que un comité de retribuciones pueda tener cierta discrecionalidad para aumentar la retribución en casos concretos de socios que se lo merezcan, aunque el sistema establecido no le haya favorecido.

Por último, se ha discutido mucho sobre la conveniencia o no de hacer transparente la asignación de los resultados o, en aras a la paz social, que sea algo conocido solo por algunos socios de dirección de la firma.

6. Integraciones de socios. Crecimiento inorgánico

En páginas anteriores nos referimos al triángulo estratégico de una firma, en la que los tres vértices son: lograr satisfacer las necesidades de los clientes, armonizar los intereses de socios y equipo profesional y conseguir hacer el negocio rentable y, por tanto, sostenible.

Lograr el equilibrio de los tres vértices del triángulo es más plausible si la firma tiene mayor tamaño. Una mayor dimensión permite:

- **Respecto al mercado.** Sin lugar a duda, el tamaño representa una extraordinaria ventaja competitiva. Una gran dimensión permite disponer en el mercado de una marca potente, reconocible y de confianza, lo que a su vez retroalimenta el crecimiento y, por tanto, su envergadura.

  Una organización con suficiente volumen tiene mayores posibilidades de dar a conocer su posicionamiento, sus servicios y sus valores a través de acciones de marketing en el mercado. Además, permitirá cubrir a sus clientes mayores necesidades (ofreciendo más servicios) y en más lugares (disponiendo de mayor cobertura territorial). Actualmente, en pleno proceso de globalización, es esencial poder seguir a los clientes en sus propios procesos de expansión.

  Lógicamente, a mayor tamaño, más cuota de mercado, mayor poder y estabilidad y, por tanto, menor riesgo.

  Por otra parte, el tamaño facilita la especialización y, por tanto, el incremento de la calidad del servicio y de la satisfacción de los clientes.

- **Respecto a los socios y el equipo profesional.** Un tamaño suficiente permite captar a los mejores profesionales, quienes aspirarán a desarrollar su carrera en los más reputados despachos y firmas. Además, la dimensión permite a estos profesionales tener un horizonte de crecimiento en responsabilidad, tipo de trabajo, reconocimiento y remuneración. Por tanto, la retención de los mejores está muy relacionada con poder disponer de una dimensión suficiente que permita ofrecer un futuro atractivo.

En este mismo sentido, a mayor tamaño, mayores posibilidades de delegación de tareas de menor interés profesional y menor valor añadido, que podrán realizar los que se incorporan a la firma y carecen aún de experiencia.

Además, un volumen suficiente facilita el necesario relevo generacional en la firma, fundamental para la propia organización, en la que la «savia nueva» debe ir tomando posiciones de liderazgo, pero también para la carrera profesional de aquellos que aspiran a lograr el máximo nivel en el despacho, e incluso para los socios que se retiran y logran así rentabilizar económicamente el trabajo de muchos años.

Por último, el conocimiento es uno de los pilares fundamentales en toda firma profesional. A mayor tamaño, las posibilidades de formación y de crecimiento como profesional se incrementan exponencialmente.

- **Respecto a la rentabilidad.** Una dimensión suficiente permite disponer de equipos profesionales agrupados de mayor a menor experiencia (la clásica configuración en pirámide), lo que disminuye el coste medio de la hora del equipo. En pequeñas organizaciones suele ser frecuente la existencia de pirámides invertidas en las que hay muchos jefes y «pocos indios», lo que se traduce en estructuras muy poco competitivas.

  Una masa crítica adecuada también permite lograr economías de escala en cuanto a medios materiales, soporte administrativo, servicios internos, etc., así como el acceso a las nuevas tecnologías: gestión del conocimiento, *business inteligence,* herramientas de gestión, etc., que siempre redundan en incrementos de rentabilidad.

Por tanto, las firmas deben contar en su ADN con el crecimiento y tener claro que una firma que no crece decrece.

Este crecimiento puede ser orgánico, es decir, el que se alcanza con el mismo equipo profesional y sus mismos recursos, o inorgánico, externo o corporativo, que se produce por fusiones, adquisiciones, integraciones de socios o compras de cartera.

La razón de las firmas para desarrollar estos procesos de crecimiento inorgánico puede estar relacionada con:

- Motivos económicos. Aumento de la facturación por socio e incremento del BAS.

- Motivos comerciales. Nuevos servicios, capacidad de innovación y nuevos clientes.

- Motivos organizativos. Apertura de nuevas oficinas y nuevos sectores.

- Motivos personales. Nuevos socios que aporten liderazgo, conocimiento y habilidades profesionales.

Estos procesos presentan numerosos retos y problemas de todo tipo: económicos, comerciales, organizativos, tecnológicos, etc. Pero quizás el aspecto más importante que hay que solventar es el de las personas, siendo especialmente crítica la integración de nuevos socios en la organización.

En este sentido, una operación de crecimiento inorgánico en relación con la incorporación de nuevos socios ha de atender a las siguientes cuestiones:

- **Química personal.** Para que en las relaciones humanas exista eso que llaman *química,* debe producirse una atracción emocional, es decir, sintonía y afinidad, que responde a las formas de expresión, las ideas que se manifiestan o, incluso, el aspecto físico. Sin duda esta *química,* llamada así porque proviene de sustancias generadas por el cerebro como respuesta a distintos estímulos, es una condición *sine qua non* para poder seguir negociando una posible integración de socios.

- **Cualidades personales y profesionales.** Cabría repetir las mismas que indicamos al tratar el capítulo de acceso a socio. En todo caso, un nuevo socio debe compartir la forma de entender la ética empresarial, gozar de una educación y cultura apropiadas, tener suficiente formación técnica y experiencia profesional y visión a largo plazo, generosidad, humildad y transparencia.

- **Cultura empresarial.** Una vez superadas las dos primeras condiciones, compartir una misma cultura empresarial es otro elemento imprescindible.
  Debe haber un alineamiento en cuestiones como:
  - Propósito y valores de la organización.

- Estilo de liderazgo.
- Forma de relacionarse con clientes y otros grupos de interés.
- Imagen pública.
- Predisposición a asumir riesgos.
- Estilo de comunicación.

- **Marca.** Una de las cuestiones más debatidas en una integración entre firmas, o incluso en la incorporación de nuevos socios al despacho, es la permanencia de las marcas.

  La marca genera sentimientos y emociones de pertenencia y orgullo. Además, es habitual que los socios líderes de las firmas piensen que su marca es muy conocida en su mercado y entre sus clientes. La realidad es muy distinta: alcanzar cierta notoriedad resulta francamente difícil, requiere mucho tiempo y recursos. Por ello, el problema del cambio de marca está más en la cabeza de los socios y no representa un problema real.

  A los clientes no les preocupa en absoluto un cambio de marca mientras el socio continúe coordinando y llevando la relación con él, el equipo profesional que le atiende sea el mismo y no se produzca un incremento de los honorarios. Muy al contrario, una nueva marca tras la que haya más servicios, más oficinas, más equipo, mejores instalaciones y mayor notoriedad, lejos de que sea un problema, incrementará la fidelidad de los clientes.

  Sin embargo, renunciar a una marca siempre representa un salto en el vacío que a los socios les cuesta asumir. En casos de equilibrio entre firmas, se buscan soluciones como doble marca (o triple) o la creación de una nueva marca que sea neutral en el proceso. En todo caso, con independencia de cuestiones emocionales, estos asuntos relativos a la marca deben gestionarse adecuadamente con buenas campañas de comunicación y marketing.

- **Gobernanza.** La capacidad de toma de decisiones, la representación de la firma, la dirección de equipos y asunción de responsabilidades y la visibilidad de los socios son cuestiones que hay que considerar en todo proceso de integración. Para que todos puedan sentirse cómodos, habrá que buscar equilibrios adecuados. En ocasiones se buscan fórmulas de cogobernanza (por ejemplo, una copresidencia) o se reparten roles entre los diferentes líderes.

- **Modelo de compensación de socios.** En una incorporación de socios un aspecto fundamental será que, de inicio, al menos, los honorarios que está percibiendo el socio antes de la integración se mantengan. Para ello, el modelo de compensación de socios debe posibilitar que el BAS adjudicado a cada uno haga que todos o la inmensa mayoría de los socios tengan interés en la integración.

- **Participación en el capital.** En firmas en las que el capital tenga valor, tanto a efectos del reparto de dividendos como en el momento de la salida de la firma, determinar la relación de canje por la que el nuevo socio recibirá un porcentaje del capital de la firma será otra cuestión crucial a la hora de cerrar el acuerdo de integración.

- **Equipo profesional que hay que integrar.** En la mayoría de los casos, el socio que se integra viene con equipo profesional. Obviamente, deben respetarse todas las condiciones económicas y sociales previas.
  En muchas ocasiones, este pasivo laboral suele ser motivo de preocupación para la firma absorbente. La gran cuestión es concluir sobre si el equipo tiene calidad profesional porque, si es así, más que un pasivo, constituirá un gran activo.

- **Políticas externas e internas.** Otro asunto por revisar en una integración es llegar a un consenso en cuanto a:
  - Políticas internas: sueldos del equipo profesional, horarios, vacaciones, existencia o no del teletrabajo, plan de carrera, etc.
  - Políticas externas: honorarios, calidad del trabajo, cadencia de facturación, política de cobros, etc.

7. Salidas y bajas de socios

En una firma profesional la condición de socio no debe tener carácter hereditario. Por tanto, ha de mantenerse solo mientras se siga desarrollando la actividad profesional. En consecuencia, su fin (jubilación, fallecimiento, invalidez, salida voluntaria, etc.) tiene que preverse en los reglamentos internos o estatutos del despacho para evitar futuros conflictos.

También ha de disponerse de normas respecto a situaciones de baja temporal por enfermedad o accidente o, en el caso de que se permita, de excedencias voluntarias.

Gráfico 11.8 Tipos de bajas posibles

TIPO DE BAJA	VOLUNTARIAS	FORZOSAS
JUSTIFICADA	Jubilación anticipada	Jubilación obligatoria Fallecimiento Incapacidad
NO JUSTIFICADA	Baja voluntaria	Incumplimiento de obligaciones y requisitos de socios

En todos los casos indicados, el socio saliente debe vender sus participaciones, que serán adquiridas por la propia sociedad, por el resto de los socios o por nuevos profesionales que adquieran en ese momento la condición de socio. Obviamente, la valoración de las participaciones puede ser diferente en función de cada situación.

Por otra parte, han de establecerse normas internas para regular el derecho de acompañamiento (*tag along*) y el derecho de arrastre (*drag along*), las primeras para proteger los intereses de los socios minoritarios y las segundas para brindar protección a los mayoritarios:

- **Jubilación anticipada.** Muchas firmas prevén esta posibilidad a partir de determinada edad del socio (normalmente 58-60 años).

- **Jubilación obligatoria.** Es fundamental que en la firma se renueven sus líderes; por ello conviene establecer normas para que, una vez alcanzada determinada edad (normalmente 62-67 años), el socio deba jubilarse y vender sus participaciones.

- **Fallecimiento.** Una situación dramática como la muerte de un socio puede además transformarse en un conflicto con sus herederos si no se han establecido normas claras que prevean esta situación en cuanto a la obligación de venta de las participaciones y su valoración.

- **Incapacidad.** Puede provenir de una incapacidad laboral por accidente o enfermedad continuada (debe establecerse durante qué período) o de una incapacidad manifiesta para desempeñar sus funciones cuando así sea considerado por el resto de los socios de la firma. Resulta esencial que la firma disponga de pólizas de seguros que cubran estas eventualidades.

- **Baja voluntaria.** Por decisión del propio socio. En este caso, es fundamental que se establezca el compromiso de no ejercer durante un período (normalmente 3-5 años) actividades que puedan entrar en competencia directa o indirecta con las que realiza la firma o con sus clientes.

- **Baja forzosa por competencia desleal.** Por actuar de forma directa o indirecta en actividades que sean competencia de las realizadas por la firma.

- **Incumplimiento de obligaciones y requisitos de los socios.** En función de lo que establezcan los estatutos y el reglamento de régimen interior del despacho.

Comunicar la salida de un socio

Mientras que las incorporaciones de socios o las integraciones de otras firmas son noticias relevantes para comunicar al mercado, normalmente no será aconsejable comunicar la salida o jubilación de un socio de la firma.

Sin embargo, en el caso de que se trate del socio director o de un *naming partner* (socio que da nombre a la firma), se requerirá establecer alguna estrategia de comunicación. En el primer caso, comunicando el sustituto del socio director, poniendo en valor su currículo y experiencia; en el segundo, asumiendo un cambio de marca de la firma, apoyada por una adecuada campaña de comunicación.

8. Sucesión de los líderes de la firma

La sucesión en el liderazgo de una firma profesional es una cuestión capital para garantizar la continuidad del negocio. Toda sucesión en una empresa, especialmente para el caso de los fundadores, entraña una especial dificultad, que se agrava en el caso de firmas profesionales, debido al elemento personalista propio de estas, aún más acusado cuanto menor tamaño tiene la organización.

Por otra parte, esta sucesión es inexorable debido a condicionamientos de edad, cambios en los modelos de negocio, disrupciones tecnológicas o simplemente la necesaria y sana renovación con sangre nueva.

Perfil del líder de una firma profesional

Por las especiales características de las empresas de servicios profesionales: venta de intangibles, coincidencia de propietarios y gestores, basadas en una gestión de personas, con gran importancia de la reputación y confianza que se genere, etc., los líderes de estas firmas deben poseer una serie de habilidades específicas:

- **Habilidades internas:**
    - Pensamiento estratégico. Permite pilotar el destino de la organización, la adaptación al mercado y la competencia o la innovación en servicios.
    - Positivismo. Es la capacidad de ver siempre el vaso medio lleno, encontrar aspectos positivos de cualquier situación y ser optimista respecto al futuro.
    - Pasión. Quien actúa con pasión genera confianza. Los líderes apasionados consiguen convencer a sus equipos y arrastrarlos en el proyecto estratégico de la firma.
    - Equilibrio. Templanza ante situaciones adversas y moderación ante los éxitos.
    - Comunicación. Conectar con el equipo, lograr que los profesionales quieran hacer lo que tienen que hacer.

- **Habilidades relacionales:**
    - Empatía. Entendida como la capacidad para comprender los sentimientos y emociones de otra persona, intentando racionalizar y experimentar de forma objetiva lo que está sintiendo, poniéndose en su lugar.
    - Humildad. Aprendizaje continuo, reconocimiento de los errores, escucha.
    - *Networking*. Bien relacionado con el mercado y la sociedad.
    - Reconocimiento. Al trabajo bien hecho por sus colaboradores.

- **Habilidades de ejecución:**
    - Emprendimiento. Un líder de una firma debe tener madera de emprendedor y comportarse como tal en todas sus actuaciones.
    - Delegación. Capacidad de repartir funciones y gestiones entre su equipo para no transformarse en un cuello de botella.
    - Resiliencia y valentía. No tirar la toalla ante las adversidades, tomar decisiones difíciles sin que le tiemble el pulso.

Gráfico 11.9 Perfil del líder de la firma

La elección de los nuevos líderes

Cuando en una firma profesional se plantea la sucesión de sus líderes, debe optarse entre algunas de estas modalidades de sucesión:

- **Orgánica o interna (sucesión dentro de la firma).** Si esta vía es posible, sin duda es la que representa mayores ventajas. Ceder el liderazgo a alguno de los profesionales existentes permite una transición tranquila y ordenada. El nuevo líder será una persona que ya conozca la cultura y los valores de la firma, a los diferentes profesionales que la integran, el modelo de negocio, la estrategia, etc.

En muchas ocasiones no es fácil encontrar el perfil de líder dentro de la firma. No hay que olvidar que el nuevo CEO ha de tener características que no es habitual que se den en una misma persona: liderazgo, empatía, capacidad de trabajo, conocimientos transversales, visión estratégica, capacidad analítica, espíritu empresarial, habilidades de comunicación oral y escrita, conocimiento de idiomas, etc. Pero quizás la mayor dificultad de esta alternativa es que el grupo debe reconocer a esta persona como nuevo líder, cuando hasta ese momento estaba al mismo nivel que el resto de los profesionales. Este salto ha de ser aceptado y asumido por toda la organización.

La elección del nuevo líder puede tomarse de diferentes formas:

- Decisión del líder anterior o del consejo de la firma. El problema de la aceptación por parte del resto de profesionales, al ser algo impuesto, puede agravarse.
- Decisión por consenso. Obviamente alcanzar un consenso absoluto no será posible en firmas de cierto tamaño. Lo que suele hacerse en estos casos es crear un comité que realice un proceso de *sounding* entre los profesionales más relevantes con el fin de conocer qué candidatos pueden contar con más apoyos.
- Elecciones. Aunque puede ser el sistema más justo y democrático, deberían evitarse. Un proceso electoral abierto divide a la firma en facciones y crea heridas que después son muy difíciles de cerrar.

- **Corporativa.** A través de fusiones o integraciones con otras firmas que cuenten con personas que puedan ejercer el liderazgo requerido.

  Esta opción solo debe elegirse en el caso de que la sucesión orgánica no sea posible, ya que puede generar una especial tensión el hecho de que sea el líder de la otra organización quien acabe dirigiendo ambas, con los problemas citados de falta de conocimiento de la cultura y los valores de la firma.

- **Familia.** En numerosas ocasiones, fundamentalmente en firmas o despachos pequeños, se opta por ceder el liderazgo a un familiar del socio fundador.

  A las ventajas de la mayor confianza en el líder sucesor se unen numerosas desventajas, fundamentalmente el hecho de que ser un familiar no garantiza que disponga de las cualidades requeridas al nuevo CEO, a las que nos hemos referido anteriormente.

Si la persona elegida no es aceptada ni reconocida por el grupo como líder, se puede poner en serio peligro la continuidad de la firma y s podría producir una huida de profesionales y clientes.

- **Profesional externo.** Otra alternativa posible es la contratación de una persona externa con capacidad de gestión y liderazgo. Además de las dificultades de encontrar en el mercado esta figura, se unen otras desventajas, ya comentadas, de falta de conocimiento de la cultura, modelo de negocio y organización interna de la firma.

Plan de sucesión

La sucesión de la firma no es algo que se pueda improvisar, por lo que, con el fin de garantizar el éxito de la sucesión, resulta imprescindible diseñar y ejecutar un plan con diferentes hitos, plazos y recursos asignados.

Los elementos fundamentales de este plan son los siguientes:

- Identificación de las características del sucesor.

- Opción por la alternativa del modelo de sucesión: orgánica, corporativa, familiar o de un profesional externo.

- Formación del nuevo líder y período transitorio de trabajo conjunto con el líder sucedido.

- Definición de plazos para su sustitución.

- Comunicación interna: posiblemente este será el elemento más relevante del plan. Es imprescindible que se presente al sucesor a todo el equipo y se pongan en valor su currículo y su experiencia, dando un tono de normalidad y control de la sucesión.

- Comunicación externa a clientes, proveedores, instituciones profesionales, medios de comunicación, etc. Será fundamental que el mensaje sea adecuado, tanto en fondo como en forma, de manera que se preserven la confianza y la reputación de la marca.

En muchos casos, dependiendo del tamaño de la firma, puede ser conveniente que participen consultores externos para ayudar a pilotar el proceso sucesorio.

9. Redes sociales y socios

Las redes sociales se han transformado en un elemento de comunicación esencial para las firmas profesionales. Fundamentalmente Twitter y LinkedIn representan una prioridad en la estrategia de comunicación corporativa, con mayor importancia aún que las propias webs de los despachos, y sustituyendo en gran parte a los blogs, que han perdido peso en el conjunto de las acciones de marketing.

Las redes sociales aportan a una firma y a sus socios los siguientes valores:

* Reputación, confianza y credibilidad.

* Promoción de la marca de la firma y de la marca personal del socio.

* Posicionamiento como referente en algún servicio o sector.

* *Networking* para la búsqueda de oportunidades de negocio.

* Medio de atracción de talento a la firma.

* Canal de apoyo a la comunicación interna.

Resulta obvio que, para que las publicaciones en redes sociales tengan éxito, es fundamental que se incluyan contenidos de interés, generados por los propios profesionales del despacho.

Los contenidos de mayor notoriedad dentro de las redes sociales suelen ser:

* *Dayketing* o estrategia de marketing en la que se aprovechan días conmemorativos para promocionar los servicios de la firma (por ejemplo, aniversario del despacho).

* Publicaciones de artículos o comentarios sobre noticias de actualidad.

* Noticias internas de la firma: incorporaciones de socios, integraciones, nuevos servicios, eventos, etc.

Actualmente, no cabe duda de que entre las responsabilidades de un socio de una firma profesional está ser activo en las redes sociales, subiendo contenidos y noticias, comentando y compartiendo *post* o dando recomendaciones.

12
NUEVA CULTURA DE FIRMAS PROFESIONALES

1. Cultura centrada en el humanismo

Como hemos visto, la cultura empresarial se identifica con la manera de ser de una firma y se manifiesta en la forma de actuar de las personas que la conforman. Constituye una filosofía empresarial que transmite creencias, actitudes, valores, intereses y una manera de pensar y actuar ante las situaciones profesionales que se plantean diariamente. Los despachos profesionales son organizaciones basadas en personas, y por ello la cultura corporativa de cada firma es única.

Las firmas han de ser capaces de entender las relaciones humanas, reconocer sus emociones y atender sus motivaciones.

Por ello, las firmas deben emprender la transformación cultural que exigen los nuevos tiempos y avanzar hacia culturas más humanas. La cultura tiene que pasar de ser jerárquica, mercantilista o normativista a basarse en las personas. Esta nueva cultura humanista no mide las horas trabajadas, sino el rendimiento y los resultados; no es controladora, transfiere el control a los empleados; elimina la presión del objetivo a corto plazo y apuesta por el crecimiento profesional de sus equipos; reduce la burocracia y las tareas administrativas para centrarse en el trabajo con valor añadido; favorece la conciliación y las políticas de igualdad; potencia el salario emocional a través del reconocimiento público y privado del trabajo bien hecho, y favorece la acción social para alinearse con el propósito de la firma en beneficio de la comunidad.

Ya no caben horarios interminables, trabajo en fines de semana, correos electrónicos o llamadas extemporáneas, exigencia de disponibilidad constante o presión continua a los equipos. Muy al contrario, deben valorarse los conocimientos transversales, la cultura personal y la sensibilidad, las habilidades artísticas y deportivas o el compromiso social.

Este nuevo enfoque no solo conseguirá tener organizaciones más humanas; es que, además, serán más eficientes y creativas, con equipos más motivados, y generarán mayor valor añadido a sus clientes y a todos sus grupos de interés. La excelencia siempre viene por lo mejor, no por el más.

La cultura humanista debe permitir que los profesionales de la firma perciban:

- **Sensación de autonomía.** No hay un control permanente que imposibilite que los profesionales tomen las riendas de su trabajo, tengan autonomía y se doten de flexibilidad.

- **Sensación de evolución permanente.** Es fundamental que el profesional perciba que avanza, que tiene retos por delante. Esto se logra mediante planes de carrera, planes de formación, escalas salariales, etc.

- **Sensación de buen clima.** Ha de haber conexión con el grupo, se tiene que percibir que se está en el mismo barco y que hay buenas relaciones personales y profesionales.

El I Estudio sobre la salud y el bienestar de la abogacía española (2019) concluyó que un 73 % de los abogados tienen jornadas laborales de 40-60 h a la semana (en grandes despachos esta cifra aumenta al 81 %) y un escandaloso 13 %, más de 60 h. El informe también indica que un 82 % de los encuestados estarían dispuestos a reducir su jornada para disfrutar más de su vida personal y familiar, aunque eso pudiera implicar un menor sueldo. Numerosas investigaciones, entre otras la de la University College de Londres, determinan que trabajar más de 55 h a la semana genera un 33 % de mayor riesgo de ictus y un incremento del 15 % en la posibilidad de desarrollo de enfermedades coronarias.

Los horarios en España son, en general, poco adecuados para la conciliación familiar y para la salud. Nos levantamos pronto, cenamos y nos acostamos tarde y hay pocas horas de sueño y demasiado tiempo para comer. En el estudio citado, el 87 % de los abogados tienen jornada partida, un 60 % con descansos de 1-2 h a mediodía y un sorprendente 11 % con más de 2 h.

Además, en contra de todos los tópicos, España está en el grupo de países europeos en el que más horas anuales se trabaja (1701, por las 1390 de Alemania, 1378 de Países Bajos o 1554 de Francia), pero en la cola respecto a índices de productividad. Es decir: la realidad confirma que productividad y horas de trabajo van por caminos opuestos.

Esta situación general se agrava en el caso de las firmas de servicios profesionales, en muchas de las cuales todavía se valora el presentismo y se evalúa a los empleados según el número de horas que trabajan.

El teletrabajo puede ser una buena palanca para alcanzar esta transformación: los profesionales mejoran en la conciliación familiar y reducen sus tiempos y costes de desplazamiento, los despachos incrementan la motivación de sus equipos, disminuye el absentismo, se avanza en materia de igualdad, aumenta la delegación de funciones, se disciplinan el comienzo y el final de las telerreuniones, etc. Sin embargo, un exceso de teletrabajo podría producir los efectos contrarios: falta de separación de trabajo y descanso, vulneración de la privacidad, incremento del tecnoestrés y riesgos psicológicos del aislamiento, pérdida de valores y cultura de la firma o dificultades para formar y cohesionar a los equipos. Por ello es muy aconsejable implantar sistemas mixtos que combinen teletrabajo y presencia en las oficinas, ya que probablemente así se puede alcanzar todas las ventajas y superar la mayoría de los inconvenientes.

En definitiva, no hay ningún motivo que justifique mantener la situación actual de los despachos en cuanto a política de horarios y de presión excesiva de sus profesionales. Además de generar un estrés peligroso para la salud, multiplica la desmotivación y nos hace ser menos creativos y productivos. Las firmas no han de aspirar a contratar robots; necesitan a personas.

No es posible concebir una cultura de firma en la que no esté presente el humanismo, centrada en lo que define a las personas, sus intereses y su dignidad. Esta cultura humanista debe mostrarse en todas las actuaciones de la firma y manifestarse en especial a través de palancas fundamentales, como:

• Equilibrio entre lo profesional y lo personal.

• Alineamiento de los profesionales con el clima y la cultura de la organización.

• Motivación y sentido de pertenencia.

• Identificación con los valores y el propósito.

Los responsables de las firmas deben liderar esta transformación predicando con el ejemplo e impulsando esta nueva visión de la organización.

Esta nueva cultura ha de tener muy presentes los elementos básicos que valoran las nuevas generaciones a la hora de apostar por un trabajo. Aunque hay coincidencias en muchos aspectos fundamentales, las generaciones X (nacidas entre 1969 y 1980), Y o *millennials* (1981-1993) y Z (1994-2010) presentan algunas diferencias significativas que se recogen en el siguiente cuadro por orden de prioridad:

Tabla 12.1 Motivaciones laborales en función de la generación

Generación Z	*Millennials*	Generación Y
Buen clima laboral	Trabajo interesante	Buen clima laboral
Trabajo interesante	Oportunidades de promoción laboral	Oportunidades de promoción laboral
Tiempo suficiente para la vida personal	Buen clima laboral	Trabajo interesante
Buenas condiciones físicas laborales	Buen sueldo a largo plazo	Buen sueldo a largo plazo

Generación Z	Millennials	Generación Y
Seguridad en el empleo	Trabajo que ofrezca flexibilidad	Buena formación profesional
Buena formación profesional	Tiempo suficiente para la vida personal	Trabajo en equipo
Oportunidades de promoción laboral	Trabajo en equipo	Trabajo que ofrezca flexibilidad
Buen sueldo a largo plazo	Buena formación profesional	Trabajo que permita la independencia
Compromiso con la diversidad/igualdad de género	Interacción con otras personas	Buenas condiciones físicas laborales
Trabajo que ofrezca flexibilidad	Trabajo que permita la independencia	Tiempo suficiente para la vida personal

La cultura humanista debe dar cabida a esta nueva visión del mundo laboral, en la que las generaciones valoran especialmente la disponibilidad del tiempo para la vida personal, el buen clima laboral o que el trabajo sea retador o interesante.

En definitiva, esta cultura tiene que buscar el equilibrio entre lo profesional y lo personal, además de generar un ambiente donde las personas se encuentren cómodas y orgullosas de participar, un liderazgo inclusivo y respetuoso con las personas y un propósito que dé sentido al trabajo.

2. Cultura centrada en la ética

La ética es un instrumento imprescindible para generar y mantener la confianza necesaria para las relaciones entre personas, empresas e instituciones.

Las firmas profesionales basan su actividad precisamente en vender confianza, por lo que resulta imprescindible que sea la ética la que presida la cultura imperante, tanto en sus relaciones internas como externas. Por eso, a continuación profundizamos en ciertos aspectos esenciales alrededor de este concepto.

Origen y significado de la ética

En los albores del nacimiento de la filosofía, ya encontramos las primeras reflexiones sobre el origen y la necesidad de la ética en el comportamiento del ser humano. Probablemente el primero que sistematizó y profundizó sobre ello fue Aristóteles, quien en su *Ética a Nicómano* fundó la noción de ética en la búsqueda de la felicidad, que considera el fin último del hombre.

La otra línea de pensamiento sobre la que se ha desarrollado otra importante escuela que explica la base sobre la que se asienta la necesidad de la ética es la de Kant, cuyo fundamento está en el deber (imperativo categórico).

Ciertamente lo que la ética debe resolver es qué debemos hacer y por qué. Aristóteles y Kant indican algunos caminos: el primero, porque el comportamiento ético es la mejor forma de alcanzar la felicidad; el segundo, porque es nuestro deber como persona.

Otros muchos pensadores han buscado otras bases: los sentimientos (Hume), ciertos principios universales (Rawls), el propio interés (Smith) o las consecuencias de su aplicación (utilitarismo), con origen en leyes divinas, el derecho natural, etc. La mayoría centran el problema del fundamento de la ética en el yo y consideran la ética una virtud individual; sin embargo, también resultan muy interesantes puntos de vista que sitúan el origen en el tú (Dussel) o en el nosotros (Habermas).

Si se profundiza en este apasionante debate, se aprecian importantes discrepancias filosóficas, culturales, religiosas y sociales respecto a la causa por la que se defiende la necesidad de tener un comportamiento ético, y no debemos olvidar que esta no es una cuestión de escasa entidad, ya que las diferentes formaciones sociales y la estructura de los derechos de la persona en gran parte se basan en este fundamento. No es casualidad que en 1948, al proclamarse la Declaración de los Derechos del Hombre, que constituye probablemente el éxito ético más importante jamás alcanzado desde el punto de vista normativo, varios de los asistentes de religiones y orígenes antagónicos acordaran firmar el acuerdo pero rehusaran la discusión de basándose en qué debían defenderse los derechos allí reclamados, pues eran conscientes de que nunca hubieran llegado a consensuar una base común.

Respecto a la segunda pregunta, qué debemos hacer, la discusión filosófica resulta también acusada, en gran parte porque es difícil ponerse de acuerdo en lo que éticamente es correcto si discrepamos en el por qué debemos ser éticos.

Ética y moral

Aunque ética y moral se utilizan a veces como sinónimos y etimológicamente provienen de vocablos griegos con base similar, modo de ser, costumbre, carácter (*ethos:* 'morada' y *moris:* 'costumbre'), son conceptos distantes, y ya sabemos, gracias a Ortega y Gasset, la importancia que debemos dar a la terminología, ya que «ir a las raíces de las cosas significa ir a las raíces de las palabras».

El *Diccionario de la Lengua Española de la Real Academia* define *moral* como la ciencia que trata del bien y de las acciones humanas en orden a su bondad y malicia y *ética* como la parte de la filosofía que trata de la moral.

Para parte de la doctrina, la moral es el sistema normativo de una sociedad, representa una creación cultural y, por tanto, hay tantas morales como culturas, mientras que la ética es la moral transcultural universal, que incluso puede llegar a ser inmoral, porque puede negar principios morales que en un momento histórico una sociedad pueda defender.

Es decir, la moral evoluciona con los tiempos, representa las reglas de comportamiento de la colectividad en una época histórica. Así, la esclavitud hace tan solo unos siglos no era moralmente reprobable, incluso Aristóteles la defendía ardientemente; sin embargo, hoy todos la consideramos absolutamente inadmisible. Lo mismo puede afirmarse del uso de la tortura, de la pena capital o de los duelos a muerte por el honor, y así podríamos llegar a exponer cientos de situaciones, en la actualidad incomprensibles.

Incluso, en cada momento histórico, existe, al igual que un pluralismo religioso, un pluralismo moral en cada sociedad. Las reglas morales de un oriental tienen hoy poco que ver con las de la cultura americana o con la de pueblos musulmanes.

La ética, por tanto, sobrevuela la moral de cada momento y, aunque no es fácil muchas veces su deslinde al estar imbuidos por la moral imperante, parece un ejercicio fundamental ser capaces de distinguir lo moralmente correcto de lo éticamente admisible.

Ética y derecho

Ya hemos convenido que la ética se basa en principios universales válidos siempre en todo lugar y tiempo. Si en algún momento en algunos aspectos la moral puede no ser ética, mucho menos lo puede ser la positivación de esa moral, que es el derecho. Mientras que moral y ética constituyen normas de comportamiento no escritas, el derecho trata de transcribir esas normas a reglas regulatorias precisas. Por tanto, si admitimos que pueden existir normas morales no éticas, mucho más sencillo será poder afirmar la existencia de leyes inmorales y no éticas.

A lo largo de los siglos, los hombres se han dado cuenta de que las leyes han nacido, se han modificado o se han derogado por decisiones del gobernante de turno. Por consiguiente, el derecho, por su propia naturaleza, es inestable y está absolutamente vinculado a las opiniones de sus creadores en cada momento.

La distinción doctrinal entre ética y derecho tiene su origen formal en los siglos XVII y XVIII gracias a Pufendorf, que fue el primero que la formuló, Tomasio, que la desarrolló, y Kant, que la sistematizó.

Desde entonces, la doctrina jurídico-filosófica se ha mostrado unánime al considerar que existen unos ideales o valores éticos que deben orientar y regular los principios jurídicos de cada momento.

Por tanto, salvo en un reducido número de valores permanentes, el derecho se encuentra en continuo cambio y evolución, sometido a las transformaciones socioculturales de cada comunidad política.

En consecuencia, la cuestión fundamental estriba en determinar cuáles son estas reglas inmutables, asunto sobre el que se han escrito miles de páginas, muchas vinculadas a la doctrina del derecho natural, cuya gran aportación es afirmar la existencia de un conjunto de principios éticos cuya validez no depende de su aceptación por los legisladores de cada momento histórico o de cada sociedad.

Muy atractiva, en relación con esta noción de un derecho natural determinante, es la vieja polémica de las llamadas *leyes injustas,* es decir, contrarias a esos valores convenidos constantes.

Ya desde la Antigüedad se atisba esta disparidad. Así, Aristóteles, auténtico precursor del derecho natural, defendía que la ética está por encima de lo que determinen las leyes; sin embargo, Sócrates, aunque sabe que una ley es injusta, llega a morir para no desobedecerla. Posteriormente, la concepción clásica considera que una ley injusta no es ley. Santo Tomas afirma: «La ley humana que en algo se separa de la natural no es ley», y san Agustín: «Cuando una ley es injusta, no es ley».

Teóricamente, moral y derecho representan dos tipos de normatividad ética. Al derecho hoy se le exige que se adapte a las convicciones morales de la sociedad y, por tanto, cada vez forman un todo más difícil de separar; por eso es en la ética donde ambos deben mirarse para evolucionar.

La ética ha de constituir el modelo valorativo de las diversas concreciones históricas de derecho, debería conformarse como norma suprema para la humanidad, una especie de constitución universal para todos que complemente las normas legales, que siempre resultarán insuficientes.

La ética y el modelo económico

Como demuestran la doctrina social de la Iglesia y ciertos estudios clásicos, como el de Niebuhr, desde hace ya muchos años existen reflexiones sobre la moralidad del capitalismo y sobre los aspectos éticos de la actividad empresarial, y se han incrementado notablemente en las últimas décadas.

Desde que Bismarck en 1883 creó las primeras leyes de la seguridad social en Alemania y fundó la idea del Estado comprometido con la protección social de sus ciudadanos, la mayoría estamos de acuerdo en defender un modelo económico que esté al servicio de la sociedad, promueva el desarrollo del ser humano y garantice la libertad, el equilibrio y la igualdad de oportunidades.

Para algunos, el único modelo económico posible es aquel en el que impera una absoluta libertad de mercado y la intervención del Estado es mínima o nula, para otros, el Estado debe ser el absoluto regulador y controlador de la actividad económica para así garantizar la igualdad.

Evidentemente, a mitad de camino existen múltiples posiciones, y quizás entre estas debemos profundizar.

Es un hecho generalmente aceptado que las economías de capitalismo puro, desreguladas y con absoluta libertad de competencia, benefician fundamentalmente al sector superior. Por otra parte, las experiencias de sistemas en los que no existe la iniciativa privada han supuesto grandes fracasos.

La justificación de la intervención del Estado en la actividad económica se basa en la teoría de los fallos del mercado, que conduce a la gran paradoja de que para que el mercado sea libre necesita restricciones, pero el gran debate es saber cuántas y cuáles. En la actualidad los mercados son incompletos y la información, imperfecta por los problemas de riesgo moral y selección adversa.

El mercado puede ser un buen instrumento para el desarrollo social siempre que cualquier persona pueda participar en la generación de riqueza, el reparto de la cual sea equitativo.

Probablemente debe buscarse una tercera vía que se sitúe entre ambas posiciones. Debemos ser capaces de establecer un modelo económico que concilie estrategias económicas con convicciones éticas.

Los estados han de adquirir el compromiso ético de lograr que las personas tengan igualdad de oportunidades (actuando *ex ante*) y de asegurar un cierto nivel mínimo de bienestar social para todos (actuando *ex post*).

La ética en el sistema económico actual

Se dice que en la sociedad actual la estética se ha impuesto a la ética, y los valores están más relacionados con el poder, la capacidad de consumo, el culto al cuerpo, etc.

Por otra parte, estamos atravesando un delicadísimo momento en el que, junto a una crisis económica, padecemos una crisis simultánea de ética y de confianza en el sistema.

Si reflexionamos sobre los factores fundamentales que han contribuido a llegar a esta situación, podemos encontrar las causas en algunas de estas cuestiones:

- **La nueva economía.** Creó una cultura especulativa, que generó gran desconfianza a medida que se fue desinflando la burbuja (*especular* y *espejismo* tienen la misma raíz), y a su vez trasladó mayores dosis de falta de ética en los negocios.

- **La globalización.** Se ha definido como el sistema que permite que circulen por todo el mundo las mercancías, los capitales, las personas, la tecnología y la información. Representa el último peldaño alcanzado por el capitalismo, y se empieza a ver que sus efectos se traducen en un incremento de las diferencias entre las personas de un mismo país y entre las de diferentes grupos de países.

Aunque es cierto que ha generado importantes ventajas en cuanto a incrementos de productividad y ciertas oportunidades de desarrollo para algunas áreas geográficas, no pueden compararse con los profundos desequilibrios que está generando.

Vuelve aquí a ser clave el papel que deberá tener la ética para permitir corregir esta situación y conseguir aprovechar de la economía globalizada sus posibles ventajas.

• **La corrupción.** Es un fenómeno universal que está devastando la economía de muchas zonas del planeta.

El gran drama es que la corrupción se ha integrado tanto dentro de la sociedad, que en parte se ha moralizado, es decir, al igual que hablábamos de la *moralidad histórica* de la esclavitud, la corrupción se ve tan natural, que ya forma parte de la cultura de muchas empresas y de muchas personas. En un ambiente dominado por los aspectos más especulativos de la economía, se alaban las habilidades que permiten lograr el enriquecimiento rápido sin que importe el procedimiento.

Y la corrupción se manifiesta de múltiples formas y maneras: el que recibe y el que da dinero para cometer algún fraude o ilegalidad, el que no paga sus impuestos, el que utiliza información privilegiada, el que practica el chantaje, etc. Hoy, una de cada veinte empresas reconoce que paga importantes cantidades en sobornos (*The Economic Crime Survey*). Incluso en 1993 se creó la organización Transparency International, con delegaciones en más de setenta países, con el fin de examinar e informar sobre la tasa de criminalidad mediante la publicación del Índice de percepción de corrupción.

Es una de las grandes lacras que actualmente padecemos y su erradicación, basada en la ética, resulta urgente e imprescindible para la recuperación de la confianza en nuestra sociedad.

¿Debe la empresa ser ética? ¿Puede serlo?

Existe un consenso generalizado sobre la importancia del papel desarrollado por la empresa durante los últimos doscientos años como motor fundamental del progreso y bienestar de nuestra sociedad. En los albores del siglo XXI, resulta aún más trascendente su protagonismo y responsabilidad en la actividad económica y en la construcción de nuestro modelo social.

Sin embargo, mientras durante muchos años los ciudadanos confiaron plenamente en el mundo empresarial, asistimos en las últimas décadas a una crisis absoluta de confianza y a una profunda decepción. Se acusa a la empresa de generar desigualdades, pobreza y discriminación social; de apostar por un crecimiento sin control, destructor del medioambiente y de los recursos naturales; y de buscar el enriquecimiento, sea o no injusto. En definitiva, empresa y sociedad se encuentran hoy en caminos divergentes, que resulta urgente aproximar, ya que de lo contrario peligra el modelo de nuestra civilización, y el camino debe buscarse en la ética.

En las últimas décadas, especialmente a partir de la de 1970, se han escrito miles de páginas en Europa y en Estados Unidos sobre la ética empresarial. Movimientos como el *Business Ethics,* informes relacionados como Cadbury, Winter, Higgs o Sarbanes-Oxley o los españoles Olivencia, Aldama, etc., han adquirido gran notoriedad.

Por otra parte, existe una importante corriente de defensa de la ética por parte de las propias empresas: certificaciones sociales SA8000, códigos éticos, defensa del comercio justo, inversiones éticas, fondos éticos, lucha contra la explotación infantil, la discriminación laboral o la contaminación del entorno, etc.

Sin embargo, a pesar de todo ello ha sido durante los últimos años, y especialmente a raíz de la crisis económica actual, cuando se ha revelado la importante falta de ética que hoy existe en las empresas y en sus administradores.

Pero ¿puede la empresa ser ética? Determinadas posturas defienden principios como los que consideran que ética y empresa son incompatibles, que para triunfar en los negocios hay que olvidarse de cuestiones morales, que debe lucharse con las mismas armas que la competencia y que la ética no tiene espacio en el mundo empresa, ya que menoscaba su eficacia.

Por el contrario, otras posturas defienden que el humanismo debe ennoblecer y elevar éticamente la empresa, se puede ser eficaz y hacer rentables las inversiones sin renunciar a la ética, el lucro no es el único factor motivador para las empresas ni para las personas que las gestionan y los ciudadanos tienen valores y pueden y deben aplicarlos en su trabajo.

Otros defienden razones utilitaristas para que la empresa sea ética: puede ser una ventaja competitiva, refuerza la imagen, reduce problemas internos, proporciona satisfacción psicológica y el desarrollo personal de los directivos, etc.

En este momento, la ética en la gestión de las empresas es un valor que ha de considerarse fundamental. La creciente importancia de las compañías en el desarrollo y la conformación de nuestra sociedad, la clara insuficiencia de las normas jurídicas para poder resolver todo tipo de situaciones y la preocupante pérdida de credibilidad y confianza de los ciudadanos en la empresa son motivos más que suficientes para apostar, sin ningún género de duda, por la defensa y el desarrollo de una empresa con un comportamiento ético.

Ética empresarial

La ética se basa en unos principios universales válidos siempre; por tanto, la empresa tendrá un comportamiento ético si actúa siguiéndolos.

La ética empresarial se ha definido como el conjunto de valores, normas y principios que forman parte de la cultura de la empresa para alcanzar mayor sintonía con la sociedad y conseguir una mayor adaptación a los entornos con el fin de respetar los derechos reconocidos y los valores compartidos.

Ética y deontología

La ética de una profesión es una aplicación especial del concepto general de conducta ética que estudia la filosofía y debe resolvernos qué debemos hacer y por qué basándose en principios universales válidos en todo lugar y tiempo.

La ética profesional» no puede quedar reducida a deontología profesional. Esta última es el tratado o ciencia de los deberes (*deon* proviene del griego y significa 'deber'). La ética es un término mucho más amplio donde se incluyen no solo deberes u obligaciones, sino los principios y valores fundamentales de la profesión. Frente a un modelo de obligación se propone otro vocacional, voluntario y valorativo.

La idea de que la ética es un lastre, un obstáculo, que permite hacer correr más a los que no la practican, es un craso y extendido error. La ética refuerza nuestra dignidad y es la mejor estrategia para la sostenibilidad.

Códigos éticos institucionales

Existen numerosos códigos éticos profesionales; entre ellos, uno de los más reconocidos es el IESBA Code (International Ethics Standards Board for Accountants), que establece los siguientes principios fundamentales:

- Integridad. Tener honestidad en todas las relaciones profesionales.

- Objetividad. No comprometer las opiniones profesionales en función de presiones del propio interés o del interés de otros.

- Competencia. Asegurar que el trabajo lo llevan a cabo profesionales competentes y con el cuidado debido, para lo cual deben disponer de los conocimientos y habilidades precisos, que habrán de estar permanentemente actualizados.

- Confidencialidad. Mantener el secreto profesional de toda la información de los clientes y no utilizarla en beneficio propio.

- Comportamiento profesional. Cumplir las normas establecidas, tanto internas como externas.

El IESBA recomienda un marco flexible, basado en cuatro objetivos de enseñanza:

- Aumentar el conocimiento ético.

- Desarrollar la sensibilidad ética.

- Mejorar el juicio ético.

- Mantener un compromiso de comportamiento ético.

Ética en los servicios profesionales

Los profesionales tenemos la responsabilidad de ser guardianes de la ética en todas nuestras actuaciones, que deberán ser acordes con valores fundamentales como:

- Respeto con nuestro entorno profesional. Respeto a la dignidad de todas las personas que trabajan en la firma, a los clientes y a todos los grupos de interés con los que se relaciona. Deben rechazarse conductas de abuso, intimidación, discriminación o intolerancia en cualquiera de sus formas.

- Respeto a la seguridad y salud de las personas. La firma ha de desarrollar un entorno laboral seguro, con respeto a las medidas de seguridad y salud laboral.

- Conciliación del trabajo y de la vida personal.

- Igualdad de oportunidades.

- Rechazo a todas las formas de corrupción: sobornos, favores, fraudes, etc.

- Confidencialidad y secreto profesional.

Para seleccionar a los profesionales que se ha de contratar hay que buscar tres cualidades fundamentales: integridad, inteligencia y energía. Si no se cuenta con la primera, las otras dos acabarán con la firma.

Percepción de la ética en las firmas

En el campo de la auditoría se han realizado diversos estudios por parte del Instituto de Censores Jurados de Cuentas de España y de Accountancy Europe en relación con la forma en la que perciben los profesionales que trabajan en firmas (en este caso auditoras) la ética que se practica. El siguiente cuadro recoge sus conclusiones:

Gráfico 12.1 Percepción de los profesionales sobre la ética de la firma

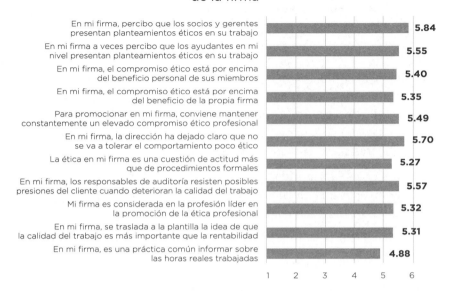

La conclusión fundamental, al menos en los servicios de auditoría, es que en general existe una buena opinión por parte de los equipos respecto a la ética de la firma.

Códigos éticos

En este contexto, numerosos despachos profesionales y firmas han desarrollado códigos éticos para regular las relaciones internas y externas de la firma. Esos códigos suelen estructurarse en los siguientes apartados:

• Objeto y ámbito de actuación.

• Principios y valores.

• Relaciones entre los miembros de la firma.

• Relaciones con terceros.

• Normas de cumplimiento normativo.

El código ético de una firma profesional debe cubrir, al menos, los siguientes aspectos:

- Igualdad de oportunidades.

- No discriminación.

- Conflictos de interés.

- Prohibición de sobornos y corrupción.

- Regalos e invitaciones.

- Donaciones y patrocinios.

- Relaciones con las autoridades y con organismos reguladores.

- Relaciones con los proveedores.

- Buenas prácticas contables, tributarias y de gestión de recursos públicos.

- Defensa de la competencia.

- Comunicación externa.

- Confidencialidad, privacidad y protección de datos.

La ética nunca es algo a lo que se pueda renunciar; debe entenderse como la pieza fundamental en la que tiene que apoyarse el desempeño de las firmas profesionales. Por tanto, los códigos éticos no deben ser una simple declaración de intenciones, sino determinar el camino de las actuaciones de los profesionales de la firma, convirtiéndose en su principal seña de identidad.

3. Cultura centrada en la transparencia

Los seres humanos somos por naturaleza animales sociales y cooperativos y nos requerimos unos a otros para atender nuestras necesidades básicas y afectivas. Para que esta colaboración se produzca, resulta imprescindible la existencia de una confianza mutua, que ha sido durante siglos la base del progreso y la civilización. La confianza, por tanto, constituye un bien público esencial que garantiza el funcionamiento adecuado de las transacciones de activos, servicios, capitales e información y que es el fundamento de la existencia del dinero fiduciario, piedra angular de las relaciones económicas.

La confianza es un estado psicológico que incluye la intención de aceptar la vulnerabilidad frente a otra persona o institución, basado en las expectativas positivas de sus intenciones y comportamientos futuros. Es decir, confiamos entre nosotros porque estamos dispuestos a asumir el riesgo de depender de la actuación del otro. Se han descrito diversos procesos de construcción de la confianza:

- **Cálculo.** Mediante él, el que deposita la confianza estima los costes y beneficios de confiar o no.

- **Predicción.** Se confía siempre que sea posible pronosticar el comportamiento del otro.

- **Intención.** Se otorga siempre que se puedan percibir los motivos para actuar de la otra parte. La confianza se ha convertido en el nuevo grial de las organizaciones. Es uno de los grandes retos a los que se enfrentan personas, empresas, instituciones y Gobiernos. Resulta básica para el crecimiento, la competitividad y la sostenibilidad de empresas y estados. No es algo que surja espontáneamente ni que se pueda reclamar; requiere una estrategia para ser generada, en función de tres elementos fundamentales: transparencia, un adecuado flujo de información que permita a los operadores la toma de decisiones con el menor riesgo posible; ética y compromiso, ser consecuente, hacer lo que se dice y decir lo que se hace, y equilibrio entre las expectativas creadas por el depositante de la confianza y lo que finalmente obtiene.

Es incuestionable que nuestra época se caracteriza por la existencia de una crisis generalizada de confianza que afecta tanto a las relaciones económicas y sociales y a las instituciones —Justicia, Corona, Iglesia y Gobiernos— como a las empresas y organizaciones. En las últimas décadas, esta erosión de la confiabilidad se ha acentuado por la disponibilidad de más información y el aumento de la corrupción, las malas prácticas y la falta de liderazgo y gobernanza ética.

La confianza es el aglutinante que cohesiona a los miembros de una sociedad y permite las relaciones de cooperación mediante las que los ciudadanos trabajamos conjuntamente. Por el contrario, la desconfianza genera temor e incertidumbre, con notables efectos para la economía, que acaba convergiendo en un incremento de las desigualdades. Para mantenerla resulta necesaria la imprescindible labor de numerosas instituciones y profesionales: auditores, notarios, registradores, agencias de calificación, certificadoras de calidad, medios de comunicación, ONG, etc. Sin embargo, a la vista de los resultados obtenidos hasta hoy, esto no ha sido suficiente.

La transparencia es el principal motor para generar confianza, por lo que las empresas en general y las firmas profesionales en particular han de ser transparentes en su gestión y en la información que transmiten.

La transparencia de una firma debe manifestarse en todas las relaciones que se establezcan, y por tanto afectará a la transparencia con:

- Los clientes.
- Los equipos profesionales.
- Los socios.
- El resto de los grupos de interés.

Transparencia con los clientes

Los clientes demandan a las firmas transparencia en la política de honorarios, en el acceso y seguridad a la información y en sus procesos internos de prestación de servicios.

En este sentido, será fundamental que exista una comunicación fluida con los clientes que alcance no solo cuestiones técnicas, sino también aspectos relacionados con la firma, sus socios y sus equipos. Estos canales de comunicación se pueden concretar en: boletines de novedades técnicas, seminarios, blogs y webs, paneles de clientes, encuestas de calidad, gestión de quejas y reclamaciones, buzón de sugerencias, etc.

Transparencia con los equipos profesionales

Para lograr que exista transparencia entre los diferentes profesionales que trabajan en la firma, se requiere una adecuada política de comunicación interna. Para ello no basta con contar con un departamento de comunicación que se encargue de los eventos internos, de la gestión de la Intranet o de los boletines de información interna hay que ir mucho más allá. La transparencia interna debe manifestarse en:

- El diálogo, la iniciativa y la participación en la toma de decisiones.
- Dar la posibilidad de opinar sobre el liderazgo y el desempeño de todos los miembros de la organización (evaluación 360°).
- Informar de los cambios relevantes con precisión y diligencia.
- Gestionar la información formal e informal.
- Reconocer públicamente el trabajo bien hecho.

Transparencia con los socios

En las firmas de tamaño medio o grande, suelen ser habituales las críticas por parte de los socios en relación con que, en determinados casos, la dirección de la firma adolece de falta de transparencia.

Las características propias de una firma en la que los socios son propietarios y, por tanto, tienen voz y voto hacen que la transparencia en la gestión y en la toma de decisiones sea algo especialmente sensible.

Los socios han de participar en la toma de decisiones que afecten a la organización: operaciones corporativas, nuevos servicios, nuevas oficinas, etc. Estas decisiones no se pueden tomar por una mayoría de socios sin que el resto esté informado y pueda manifestar su opinión. Lo contrario quebraría la confianza mutua entre los socios y pondría en peligro la sostenibilidad de la firma.

Transparencia con el resto de los grupos de interés

La sociedad exige a las firmas profesionales cada vez mayor transparencia. Hay numerosa legislación que afecta a las firmas cuyo objetivo es aumentar el conocimiento de su organización:

- Planes de igualdad.
- Información financiera.

- Información no financiera (EINF).

- Auditorías financieras y no financieras.

- Políticas de cumplimiento normativo.

- A las firmas de auditoría de entidades de interés público (EIP), la normativa de auditoría de cuentas les obliga a emitir y publicar un informe de transparencia anual que debe incluir: forma jurídica y estructura de propiedad de la firma, vinculaciones con otras empresas, órganos de gobierno, control de calidad, entidades auditadas, protección de la independencia, rotación de socios y equipos, políticas de formación continua, bases para la remuneración de socios, etc.

Gráfico 12.2 Cultura de la transparencia en las firmas profesionales

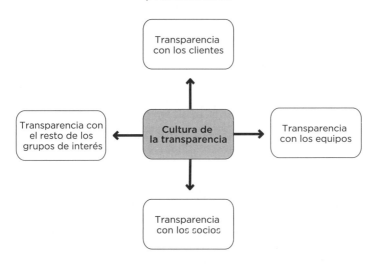

Una cultura para la transparencia

La cultura de la transparencia se relaciona con las buenas prácticas de la firma en sus procesos internos y externos y en sus relaciones con todos los grupos de interés.

Crear y mantener una cultura de la transparencia es un proceso continuo basado en un liderazgo transparente al que se le atribuyen cinco S:

- Sinceridad. Búsqueda de la verdad en forma proactiva.

- Serenidad. Comunicación bajo control.

- Seriedad. Cumplimiento de los compromisos adquiridos.

- Sencillez. Claridad en las relaciones.

- Sensibilidad. Empatía y escucha.

La cultura de la transparencia, además de constituir una obligación ética, reporta numerosas ventajas al equipo (motivación, sentido de la pertenencia, iniciativa y proactividad, etc.) y a las relaciones con los clientes y con el resto de los grupos de interés, que se fortalecerán incrementando la confianza mutua.

13

CONCLUSIONES

1. Bienestar de los empleados y productividad de la firma profesional

Como hemos visto, a lo largo del libro, el modelo AGAD (adquirir, gestionar, asesorar y desarrollar) de gestión de personas nos lleva a una experiencia de empleado con un mayor nivel de bienestar.

Los procesos diarios que producen un bienestar sostenible son:

- **Adquirir** personas que quieran trabajar en tu empresa y que dispongan de las capacidades necesarias para responder a las necesidades de tu mercado.

- **Gestionar** a las personas teniendo en cuenta sus necesidades para convertir a la empresa en un buen ecosistema de vida profesional.

- **Asesorar** a las personas para adaptarse, cambiar y darles el mayor nivel de igualdad de oportunidades en su vivencia en la firma profesional.

- **Desarrollar** a las personas para generarles recursos y competencias para adaptarse a los diferentes retos que el ecosistema empresarial les va a poner encima de la mesa.

Con este acrónimo AGAD resumimos la actuación, pero la pregunta de fondo es ¿para qué? Hasta ahora hemos santificado la productividad como objetivo fundamental de cualquier experiencia de empleado, porque ignorábamos el enorme efecto de una variable moduladora llamada *bienestar* que genera el nivel de compromiso necesario para obtener dicha productividad. Los modelos se han ido haciendo más complejos al tener en cuenta las aportaciones que la psicología aporta al mundo empresarial:

- Siglo XIX. Trabajar para ser productivo.

- Siglo XX. Trabajar con compromiso para ser productivo.

- Siglo XXI. Trabajar desde el bienestar del empleado para que tenga mayor compromiso que le permita ser más productivo.

Gráfico 13.1 Nueva ecuación de productividad

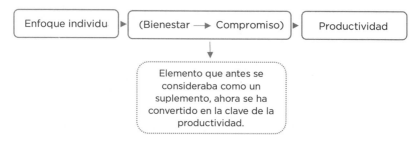

¿Para qué trabajas? ¿Para ser productivo y recibir una contraprestación económica o para sentirte autorrealizado a través de la productividad?

La autorrealización tiene parte de bienestar hedónico (salud, dinero y amor) pero necesita del bienestar de propósito (sentirse importante, autoeficacia, apreciación), por tanto, en una firma profesional, debemos enfocarnos en el bienestar del empleado para generar productividad.

Pero hay otro término que debemos considerar básico en la compensación del empleado en una empresa, nos referimos a la prosperidad.

Si la empresa obtiene altos niveles de productividad, podremos obtener un mayor nivel de prosperidad. La prosperidad de una firma profesional debe visualizarse como un fin empresarial y del empleado. Si la productividad de los empleados solo incide en el crecimiento de la firma profesional sin repercutir en las personas, siempre tendremos modelos descompensados.

Los modelos más desarrollados de relación de personas y empresas que inciden en una firma profesional son los que se basan en el bucle del bienestar de la experiencia de empleado.

Gráfico 13.2 El bucle del bienestar de la experiencia de empleado

Bucle del trabajo satisfecho

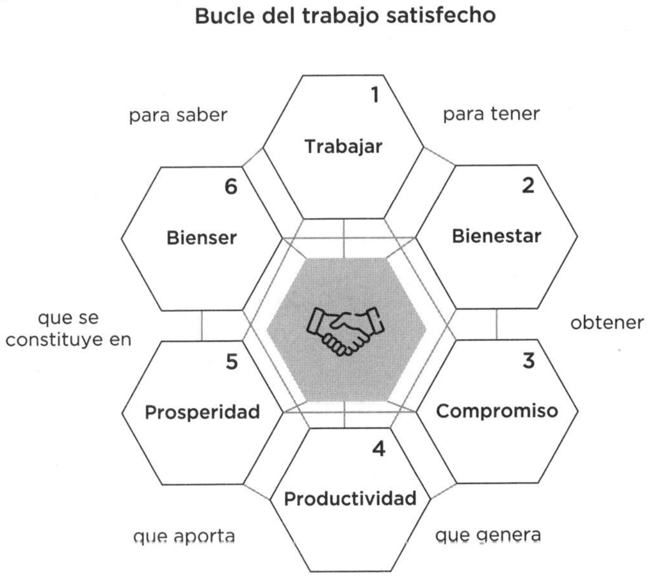

Si la persona tiene bienestar, está comprometida y obtiene una productividad debe ser recompensado con prosperidad personal, lo que vuelve a concederle el incentivo fundamental del para qué trabajo.

La prosperidad, concepto que nuclea los esfuerzos comunes (si todos inciden en su correspondiente proporción), es la base de los esfuerzos y del bienestar a largo plazo. Una distribución inadecuada de la ecuación beneficio/riesgos genera malestar, no por el trabajo en sí, sino por la percepción de la justicia organizativa.

Desde el año 1987, la psicología del trabajo (Jerald Greenberg) ha estudiado la justicia organizacional, aportando al mundo empresarial percepciones sobre la transparencia, distribución, gestión y recompensa de los esfuerzos.

Para analizar este proceso tenemos que diferenciar:

* Lo que aportan las personas (competencias + esfuerzo).
* Lo que consiguen las personas (resultados).
* Lo que se compara con otras personas (comparación).

En esta percepción de la justicia organizacional hay dos procesos que funcionan en las personas que hacen un mismo esfuerzo y poseen similares competencias.

* Nivel de coherencia de las expectativas de las personas con las recompensas obtenidas.
* Nivel de coherencia entre la valoración de resultados propuestos con las valoraciones de otras personas.

El agravio comparativo es uno de los elementos más distorsionador del bienestar, ya que el hombre, como animal social, lucha con una visión que en la Fundación Personas y Empresas hemos denominado visión 3 EX. Cualquier recompensa que recibimos en el trabajo se valora por 3 EX:

* **Expectativas.** Valor esperado por lo hecho. En el mundo de la percepción de las personas y la valoración de los retos, recibir menos de lo esperado es fuente de enorme insatisfacción.
* **Experiencias.** Valor histórico por lo hecho. Es el mundo de lo esperado por los antecedentes históricos y, si no se cumple, cuesta aceptar el cambio.
* **Externo.** Valor deseado por comparación con otros de los resultados obtenidos. En el mundo de la comparación subjetiva del valor de lo aportado, nivelamos de forma distinta la valoración de lo que aportamos y la infravaloración de lo que aportan los otros.

Para lograr el bienestar es importante tener justicia tanto en alinear expectativas, como en equilibrar las comparaciones.

En la teoría de la justicia organizacional se habla de cuatro tipos de justicia (que están interrelacionadas entre ellos) que son los que se pueden observar en el gráfico 13.3.

Gráfico 13.3 Justicia organizacional

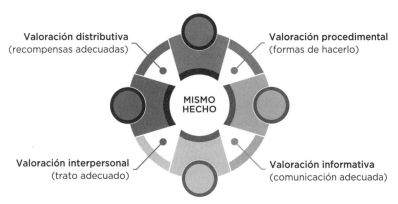

Valoración distributiva (recompensas adecuadas)

Valoración procedimental (formas de hacerlo)

MISMO HECHO

Valoración interpersonal (trato adecuado)

Valoración informativa (comunicación adecuada)

Cuántas veces se piensa que la recompensa es adecuada, pero no se ha transmitido correctamente y la recompensa pasa de ser positivo a ser negativo. La mayoría de las veces no es debido al nivel de recompensa obtenido, sino que la forma, la comunicación y el trato son elementos fundamentales para generar un malestar y tener la impresión de no haber tenido una equidad evaluativa a la hora de considerar su aportación.

En el mundo de la percepción, las formas son tan interesantes como el mero fruto de la equidad. En la distribución del mérito, la justicia se cifra por:

- Las formas diferenciadas en el aprecio al mérito (a mí me han dicho... y al otro le han dicho...).

- La comunicación diferencial de la evaluación (conmigo ha estado un instante, en cambio, con el otro ha estado...).

- El trato más o menos cercano a la hora de comunicar (a mí me lo dijiste rápidamente y de pie y, en cambio, al otro en el despacho...).

La justicia organizacional es una variable básica para cimentar el bienestar y el compromiso, e influye notablemente en la percepción que la prosperidad supone para las personas.

En fin, el modelo de experiencia de empleado aporta a las firmas profesionales una serie de enseñanzas básicas.

- El bienestar de los empleados es la variable moduladora por excelencia en su compromiso actual, no es el trabajo en sí mismo, ni las condiciones económicas, ni la escalabilidad del rol (mejores puestos), ni querer ser directivo.

- Que este bienestar debe guiar los sistemas de gestión de personas de las firmas profesionales, cambiando el foco del control y la visión colectiva a una visión individualizada y única de la persona.

- Los sistemas de gestión de personas deben ser integrales (ligados al negocio) e integrados (con una visión interrelacionada) evitando un acercamiento torpe por separar una visión legal (relaciones laborales) de una visión psicosocial (talento). La gestión debe basarse en una triple perspectiva: legal, económica y psicosocial para tener una visión panorámica de cualquier acto humano en la empresa.

- El modelo AGAD es un reflejo de esta visión integral e integrada de la gestión de personas. Y nos permite analizar los niveles de bienestar en cada proceso de recursos humanos y observar cómo la persona alinea su propósito con el de la empresa.

- El bienestar genera un compromiso que se traduce en una mayor productividad, siempre que la productividad de una empresa es alta es porque ha habido una decisión que influyó en el bienestar de los empleados. Sin bienestar no se pueden obtener compromisos sostenibles, ni podemos obtener resultados específicos.

- El incremento de productividad debe incidir en la persona con prosperidad, ya que se es próspero cuando la empresa lo es. Esta prosperidad mutua genera un nuevo incremento en el bienestar y este es el bucle del trabajo satisfecho.

- En la distribución de la prosperidad debemos tener en cuenta los criterios de justicia organizacional, donde las formas son tan importantes como el fondo distribuido.

Y estas siete condiciones se resumen en el principio kantiano: «una persona es un fin en sí misma y nunca un medio».

Gráfico 13.4 Nueva cultura de trabajo

Para concluir nada mejor que tres citas que resumen este bucle:

Peter F. Ducker dice: «A menos que se haga un compromiso, solo hay promesas y esperanzas, pero no hay planes». Un buen plan estratégico de una firma profesional empieza por invertir en el compromiso, es decir, en el bienestar.

Según Abraham Lincoln: «El compromiso con su bienestar es lo que convierte un proceso en realidad». La realidad empresarial se basa en personas que apuestan por una empresa como elemento significativo en su vida personal.

Y, por último, Bill Gates decía: «Si se llevan a nuestros veinte mejores colaboradores, déjenme decirles que Microsoft se convertiría en una empresa sin importancia». Las firmas profesionales son las personas que lo componen. Obtener un ecosistema de aprecio y excelencia para las personas implica pensar en su bienestar. Este bienestar configura su compromiso que nos aporta la productividad que da profesionalidad a la empresa.

El principio y fin de toda firma profesional está en sus personas.

2. Grandes retos de los servicios profesionales en relación con las personas

En el momento actual, las firmas de servicios profesionales están inmersas en un proceso evolutivo de gran calado. Los valores, la forma de hacer negocios, la tecnología y la sociedad, en general, están ante cambios impredecibles y los servicios profesionales del sigo XXI deben adaptarse a esta transformación sin precedentes, afrontando los retos que se les van a exigir. Aspectos como la digitalización, el teletrabajo, la inteligencia artificial, los criterios ESG o los procesos de concentración están marcando las nuevas reglas del juego que modifican el presente y, sobre todo, transformarán el futuro del sector.

Multidisciplinariedad especializada e innovación

La complejidad de la economía y las finanzas se multiplica vertiginosamente, los clientes tienen cada vez mayores conocimientos técnicos y, por tanto, son más exigentes.

Las firmas deben contar con equipos especializados en sectores y en tipos de organizaciones. Además, cualquier trabajo que se desarrolle podrá tener implicaciones económicas, organizativas, de recursos humanos, tecnológicas, legales, etc., por lo que se requiere una colaboración multidisciplinar para responder a las necesidades de los clientes.

Los clientes ya no compran horas de trabajo, no quieren los productos o servicios que les pueden ofrecer las firmas, lo que demandan son soluciones globales, con visión 360º, que les aporte auténtico valor añadido. Por ello, las firmas deben evolucionar hacia modelos multidisciplinares y mantener continuos procesos de innovación, invirtiendo en recursos humanos y financieros para situarse en la vanguardia de las soluciones ofrecidas y poder competir con éxito.

Transformación digital e inteligencia artificial

La importancia estratégica de la tecnología, tanto en procesos internos como de servicio, es extraordinaria. En esta ola de transformación digital emerge como gran protagonista la IA, que combina las capacidades de almacenamiento, búsqueda y síntesis de un ordenador, con las competencias de comprensión y razonamiento de la inteligencia humana. Aunque el debate ético sobre la IA está servido, parece ya irreversible que sustituya muchos de los procesos de las firmas, modifique la forma de prestación de los servicios y empiece a formar parte del juicio profesional.

Teletrabajo

El presencialismo ha muerto y el trabajo remoto es una realidad presente y futura. Este nuevo paradigma ha cambiado la forma de organizar el trabajo en los despachos. Se dificulta la coordinación e integración de los equipos, la formación de los jóvenes, el mantenimiento de la cultura o la desconexión digital. Se ha reducido el contacto personal con el cliente, por lo que cuando se produce debe valorarse especialmente.

Todos estos aspectos deben considerarse dentro de la organización de las firmas, apostando por modelos híbridos que potencien las innumerables ventajas del teletrabajo y minimicen sus efectos adversos.

Sostenibilidad: criterios ESG

Las empresas, reflejo de una sociedad abierta y plural, están evolucionando a modelos en los que maximizar el beneficio no es el único objetivo, ahora también tratan de armonizar los fines de los grupos de interés con los que interactúa. Este nuevo paradigma es asumido por las empresas por tres motivos fundamentales: las exigencias normativas, las demandas del mercado y los clientes, y su propósito.

Las firmas se han visto afectadas por el crecimiento sin precedentes de la implantación de criterios medioambientales, sociales y de buen gobierno (ESG) en su estrategia, organización y gestión. De una parte, siendo protagonistas en el asesoramiento y la implantación de las medidas que los conduce a cumplir con este nuevo escenario regulatorio y de mercado. Para ello, se han puesto en marcha servicios de elaboración y auditoría de estados de información no financiera, de planes de igualdad o de alineamiento con los ODS; se han implantado estándares normalizados en materia medioambiental o de RSE; servicios de *compliance*, auditoría interna o buen gobierno; finanzas sostenibles y eficiencia energética, entre otros muchos. Además, las firmas deben asumir e implantar en sus propias organizaciones estos criterios que deben concretarse en políticas de diversidad, *compliance* y ciberseguridad, gestión y aseguramiento de riesgos o reducción de impactos medioambientales.

Propiedad de las firmas

Es obvio que las empresas de servicios profesionales son mucho más intensivas en capital humano que en financiero, pero también resulta evidente, debido a las indudables ventajas competitivas que ello representa, ya estamos empezando a ver con normalidad la entrada de socios capitalistas en las firmas profesionales.

Entre las razones que justifican este cambio podemos citar, en primer lugar, las relativas a la gobernanza empresarial. Los socios profesionales suelen tener una visión más cortoplacista, ajustada a su carrera profesional; y aversión al riesgo que se traduce en la resistencia a crecer, a invertir, a innovar, a realizar integraciones o fusiones. Es decir, este conformismo de los socios puede ser un claro freno para el crecimiento. Además, los socios financieros serán más exigentes en cuanto a la disciplina, el rigor y la transparencia en la gestión de la firma, lo que redundará en beneficios futuros. Por otra parte, para lograr un crecimiento permanente, las firmas necesitan un nivel elevado de recursos financieros. Estas ventajas se hacen más patentes en aquellos tipos de servicios más estandarizados y en los que la marca de firma tenga más peso que las marcas personales de los profesionales.

También existen opiniones en contra de esta transformación de los *partnerships* en empresas de capital. La mayoría están relacionadas con motivos éticos y deontológicos: confidencialidad, conflictos de interés o falta de independencia. Además, esta visión financiera puede poner en peligro la cultura de la firma y, por tanto, la fidelidad de los equipos, lo que puede suponer que la pérdida del sentido de propiedad de la empresa desincentive a los socios profesionales. En todo caso, en España, la actual Ley de Sociedades Profesionales limita la posibilidad de participación de socios capitalistas a menos del 50 %.

En definitiva, parece que la solución futura vendrá a través de modelos mixtos que concilien los beneficios de ambos y reduzcan sus inconvenientes.

Cambios en el gobierno corporativo

A las firmas hoy se les exige decisiones ágiles y gestión profesionalizada, al tratarse de auténticas empresas. Los socios no pueden ser los únicos que estén al frente del gobierno corporativo de los despachos, por esto se debe incorporar expertos en diferentes áreas de gestión empresarial: estrategia, finanzas, marketing, tecnología, recursos humanos, legal, etc.

Estos profesionales, a pesar de que en la mayoría de los casos no serán socios de cuota, deberían participar en el comité de dirección y en todos aquellos órganos que determinan el día a día de la firma.

Estructuras flexibles

La organización interna de las firmas avanza hacia estructuras más horizontales, menos jerarquizadas, en las que prima la iniciativa, la inteligencia colectiva y la agilidad. Se discute la eficiencia de un sistema piramidal, con planes de carrera basados en el *up or go*, en el que ha disminuido notablemente el interés de los jóvenes por alcanzar la posición de socio.

Por otra parte, basadas en la tecnología y el teletrabajo, muchas firmas operan con especialistas externos, tanto en la industria como en el área de conocimiento requerido, colaborando también con otras firmas o trabajando por proyectos. Esta adaptabilidad permite una notable reducción de costes y, por tanto, dota a las firmas de mayor capacidad para competir.

Además, la flexibilidad también debe manifestarse en que las relaciones con los clientes, exigentes en empatía, proximidad y disponibilidad. Es necesario un compromiso personal en el que el cliente vea la firma como un socio más que como un proveedor, que sienta que sus problemas pasan a ser los problemas del profesional y de la firma. El cliente debe sentir que los servicios que recibe tienen alma.

Captación y retención del talento

Las firmas profesionales gestionan un negocio de personas. La crisis demográfica, los intereses de las nuevas generaciones y el incremento de la competencia está ocasionando que la captación y retención de profesionales valiosos se haya convertido en uno de los grandes retos para las firmas. Las motivaciones laborales de las nuevas generaciones han evolucionado hacia valorar la disponibilidad del tiempo para la vida personal, el buen clima laboral, trabajos retadores e interesantes, la formación —técnica y de habilidades—, la autonomía e iniciativa, o la flexibilidad de horarios y el teletrabajo, más incluso que la remuneración o la posibilidad de alcanzar altos puestos de responsabilidad, huyendo de carreras lineales y largas.

Las firmas deben apostar por el conocimiento transversal, la diversidad, incluir en sus equipos perfiles multidisciplinares, incluyendo los STEM. Para ello, deben elaborarse políticas de marketing dirigidas a identificar y atraer el talento, y estrategias de motivación y desarrollo para retener a los mejores profesionales.

Un nuevo liderazgo

Las firmas necesitan un liderazgo basado en valores que impulse el propósito y desarrolle la cultura. Se necesita líderes realistas, pero optimistas, que dirijan con los pies en el suelo y la cabeza en el cielo, éticos, humanos y humildes. Que sean apasionados pero tranquilos; valientes pero prudentes y resilientes. Con pensamiento estratégico, habilidades relacionales, empáticos y buenos comunicadores. Persuasivos, que logren que sus equipos quieran hacer lo que tienen que hacer para que la firma avance en su proyecto.

La gestión de las personas

La captación, formación, evaluación y fidelización de las personas, junto con las políticas de remuneración y motivación son, y serán cada vez más, un elemento crítico en la estrategia de las firmas. Un despacho vale lo que valen sus profesionales.

Además, hay que pensar que las nuevas generaciones no pretenden tener el mismo trabajo durante toda su vida. Buscarán vivir diferentes experiencias en proyectos, empresas, funciones o incluso sectores. Son los que hoy se denominan *turistas laborales*. Desarrollarse profesionalmente en una sola empresa es cosa del pasado. Esta nueva condición del mercado laboral exige a los responsables de las firmas convivir y aprender a gestionar una rotación superior a la que existía en el pasado. Lo cierto es que antes eran las firmas las que elegían a las personas que conformaban sus equipos, mientras que ahora, cada vez más, son las personas las que eligen a la firma donde trabajar.

Una nueva cultura

Las firmas profesionales deben emprender la transformación cultural que exigen los nuevos tiempos. La cultura, que representa las actitudes, creencias y valores de la organización, debe pasar de ser jerárquica, mercantilista o normativista, a basarse de forma visible en las personas. Esta nueva cultura humanista no mide las horas trabajadas, sino el rendimiento y los resultados; no es controladora, sino que transfiere el control a los empleados; elimina la presión del objetivo a corto plazo y apuesta por el crecimiento profesional de sus equipos; reduce la burocracia y las tareas administrativas para centrarse en el trabajo con valor añadido; favorece la conciliación y las políticas de igualdad; potencia el salario emocional a través del reconocimiento público y privado del trabajo bien hecho y favorece la acción social para alinearse con el propósito de la firma en beneficio de la comunidad.

Ya no caben horarios interminables, trabajo en fines de semana, correos electrónicos o llamadas extemporáneas, exigencia de disponibilidad permanente, presión continua a los equipos. Muy al contrario, hemos llegado a un tiempo en el que se valoran los conocimientos transversales, la cultura personal y la sensibilidad, las habilidades artísticas y deportivas, o el compromiso social.

Este nuevo enfoque no solo conseguirá que las firmas sean más humanas; sino que las hará más eficientes, más creativas, con equipos más motivados y generarán mayor valor añadido a sus clientes y a todos sus grupos de interés.

Esta nueva cultura debe ser humanista, ética y transparente. La digitalización remará a favor, siempre que sepamos colocar a las personas en el centro y no sean un medio, sino un fin en sí mismas.

BIBLIOGRAFÍA

Alonso, M. (2022). Restaurar la confianza. En: *El País.*
—, (2021). Despachos profesionales, ¿vivir para trabajar? En: *Cinco Días.*
—, (2020b). Luces y sombras del teletrabajo. En: *Cinco Días.*
—, (2020a). Capitalismo social: el papel de las firmas profesionales. En: *Expansión.*
—, (2019). El crecimiento de las firmas profesionales. En: *Lawyerpress.*
—, (2017). El tamaño de los despachos profesionales. En: *APD.*
—, (2016c). Auditor, una profesión de futuro. En: *El Economista.*
—, (2016b). *Memento despachos profesionales.* Madrid: Editorial Francis Lefebvre
—, (2016a). *Claves de gestión de firmas y despachos profesionales.* Córdoba: Editorial Almuzara.
Amado, J. (2022). La responsabilidad social un valor para tener en cuenta en el futuro de la gestión de los despachos profesionales. En: *Conocimiento Directivo.*
Amado, J. (coord.) (2003). Gestión comercial para los despachos profesionales. En: *CISSPRAXIS.*
Amstrong, T. (2012). *El poder de la neurodiversidad.* Barcelona: Editorial Paidós.
Bandura, A. y Walters, R. H. (1990). *Aprendizaje social y desarrollo de la personalidad.* Madrid: Editorial: Alianza.
Bandura, A. (2009). *Autoeficacia, como afrontamos los cambios de la sociedad actual.* Bilbao: Desclée de Brouwer.

Barañano, E. (2022). Competencias profesionales: qué son y cuáles son las más demandadas. En: *Grupo Castilla.*

Barrio Tato, L y Barrio Carvajal, S. (2020). *Auditoria emocional de la organización.* Madrid: Ediciones Pirámide.

Beckmann, M. (2016). La autonomía laboral como práctica directiva. En: Medio: *IZA World of Labor.*

Black, B. (2013). *La abolición del trabajo.* La Rioja: Pepitas de calabaza.

Blasco, D. (2021). *Una empresa para la persona.* Madrid: ESIC Editorial.

Bock, L. (2023). *La nueva fórmula del trabajo.* Madrid: Debolsillo.

Bohns. V. (2023). *Tienes más influencia de lo que crees.* Barcelona: Ariel.

Brown, T. (2020). *Diseñar el cambio.* Barcelona: Empresa activa.

Han, B. (2022). *La crisis de la narración.* Barcelona: Herder Editorial.

—, (2021). *No cosas.* Barcelona: Taurus.

Calle, S. de la. (2023) *No eres tu trabajo.* Barcelona: Empresa activa.

Cantera, J. (2023). *La salud mental en la empresa.* Madrid: LID Editorial.

—, (2019). *Pragmata de Recursos Humanos: de anglicismos y dichos populares.* Madrid: Editorial Universidad Ramón Areces.

—, (2012). *El síndrome de Homer Simpson y otros perfiles psicológicos en la empresa.* Córdoba: Editorial Almuzara.

—, (2011). *Estrategia integral e integrada de recursos humanos.* Madrid: Pearson Prentice Hall.

Casanovas Sanz, J. C. (2015). ¿Cómo definimos nuestro nicho de mercado en un despacho de abogados? En: *Blue Law Market.*

Cherniss, C. (2023). *Liderazgo emocional.* Barcelona: Editorial Kairós.

Cortés, I, (2019). La cultura de la RSC ya cala en los despachos. En: *Cinco Días.*

Covey, S. M. R (2023). *Confiar e inspirar.* Barcelona: Editorial Paidós.

Donner. M. (2021). *Manifiesto en contra de la autoayuda.* Barcelona: Editorial Timun Mas.

Escrivá, A. (2020). *Y ahora yo que hago.* Madrid: Editorial Capitán Swing.

Domínguez, F. (2021). Abogados, confianza y nuevos clientes. En: *Expansión.*

El-Ghandowi, L. (2017). *Despido interior.* Barcelona: Alienta Editorial.

Fernández, J. (2022). *Aprender a descansar.* Barcelona: Plataforma Editorial.

Fernández Aguado, J. (2019). *Liderar en un mundo imperfecto.* Madrid: LID Editorial

Fernández León, O. (2012). El posicionamiento de los despachos de abogados. En: *LegalToday.*

Frankl, V. (2015). *El hombre en busca de sentidor.* Barcelona: Herder Editorial.

Galdeano Bienzobas, C. y Valiente Barderas, A. (2010). Competencias profesionales. En: *Educ. quím, 21*(1).

Gil-Monte, P. R. y Prado V. J. (2021). *Manual de psicología del trabajo.* Madrid: Editorial Pirámide.

Gamarra, G. (2023). Los tipos de competencias laborales más demandadas en 2023. *Talent Management.* En: *Factorial*

García-León, C., Navarro, E. y Fernández, J. (2020). *Generación R.* Madrid: La Ley.

Garner, S. (2023). *La salud mental y el bienestar.* Madrid. Narcea ediciones.

Goleman, D. *et al.* (2018). *Liderazgo de personas.* Barcelona: Editorial Profit.

Gordon, J. (2018). *El poder de un equipo positivo.* Barcelona: Empresa activa.

González-Espejo, M. J. (2011). ¿Cómo construir una marca fuerte en un despacho de abogados? En: *Legal Today.*

—, (2007). *Gestión de las personas en despachos de abogados.* Madrid: Editorial Aranzadi.

Graeber, D. (2018). *Trabajos de mierda. Una teoría.* Barcelona: Editorial Ariel.

Kahneman, D. (2020). *La falsa ilusión del éxito.* Barcelona: Conecta.

—, (2011). *Pensar rápido, pensar despacio.* Madrid: Debate.

Kahneman, D. *et al.* (2015). *Las mejores decisiones.* Barcelona: Editorial Crítica.

Kashdan, T. (2022). *El arte de llevar la contraria.* Barcelona: Editorial Península.

Larson, E. J. (2022). *El mito de la inteligencia artificial.* Barcelona: Shackleton Books.

Lavoux, F. (2016). *Reinventar las organizaciones.* Madrid: Arpa editores.

Lencioni, P. (2018). *Como motivar y comprometer a los empleados.* Barcelona: Ediciones Obelisco.

Lorenz, E. N. (1993). *La esencia del caos.* Madrid: Debate.

Mazzucato, M. (2021). *El valor de las cosas.* Madrid: Taurus.

Mombiedro, A. (2022). *Neuroarquitenctura. Aprendiendo a través del espacio.* Madrid: Edelvives.

Muro, David. (2018). ¿Qué significa la marca para un despacho de abogados? *Blog de Comunicación, Marketing y Coaching.* En: *Consejo General Abogacía Española.*

Nardone, G. (2010). *Problem solving estratégico*. Barcelona: Herder Editorial.

Nobel, S. (2013). *Deja de sufrir en el trabajo*. Madrid: Ediciones Urano.

Ordine, N. (2019). *La utilidad de lo inútil*. Barcelona: Editorial Acantilado.

Pérez-Bustamante Ilander, G. y Sáenz Blanco, F. (2010). Autonomía laboral, transferencia de conocimiento y motivación de los trabajadores como fuente de ventajas competitivas. En: *Cuad. Econ. vol.*, 29(52).

Pérez Monzón, A. y Cantera J. (2020). *Líder sherpa*. Madrid: Editorial Universidad Ramón Areces.

Pfeffer, J. (2019). *El trabajo nos está matando: como mejorar la salud laboral*. Madrid: LID Editorial.

Prince, E. S. (2020). *Las siete habilidades para el futuro (y el presente)*. Barcelona: Empresa activa.

Rath, T y Harter, J. (2011). *La ciencia del bienestar*. Barcelona: Alienta Editorial.

Riemen, R. (2023). *El arte de ser humano*. Madrid: Taurus.

Rodríguez, H. (2022). Autonomía en el trabajo: los beneficios de la flexibilidad laboral. En: *Crehana*.

Romero, M. (2021). *Happy employee experience*. Barcelona: Empresa activa.

Salamanca, C. (2023). ¿Cuál es la diferencia entre propósito, misión y visión? ¿Por qué tenemos ahora que hablar de propósito superior? En: *Capitalista Consciente*.

Sandel, M. J. (2023). *La Tiranía del mérito*. Madrid: Debolsillo.

Santander Universidades. (2022). Misión, visión y valores de una empresa: qué son y cómo definirlos. En: *Santander*.

Seligman M. E. P. (2011). *La auténtica felicidad*. Madrid: Debolsillo.

Shapiro, M. (2020). *Guía HBR. Liderando equipos*. Boston: Harvard Business Review.

Sinek, S. (2023). *Los lideres corren al final*. Barcelona: Empresa activa.

Sunstein, C. R. y Thaler, R. H. (2020). *Un pequeño empujón*. Madrid: Taurus.

Susskind, R. (2017). El abogado del mañana. En: *Wolters Kluwer*.

Susskind, R. y Susskind, D. (2015). *The future of the professions*. Oxford: Oxford University Press.

Suzman, J. (2021). *Trabajo una historia de como empleamos el tiempo*. Madrid: Debate.

Thaleb, N. N. (2016). *Antifrágil. Las cosas que se benefician del desorden*. Barcelona: Booket.

—, (2012). *El cisne negro. El impacto de lo altamente improbable.* Barcelona: Booket.

Tusquets, C. (2021). *Enriquéceme despacio que tengo prisa.* Barcelona: RBA.

Ulrich, D y Ulrich W. (2011). *El sentido de trabajar.* Madrid: LID Editorial.

Valdizán Flores, R. (2022). Los objetivos estratégicos de la empresa. En: *LinkedIn.*

Varela, B. (2012). *Jobcrafting.* Barcelona: Empresa activa.

Vernaez, B. (2022). Objetivos estratégicos: qué son, ejemplos y cómo hacer la definición de objetivos para la planificación estratégica. En: *Cinconoticias.*

Wilson, T. (1996). *Manual de empowerment: como conseguir lo mejor de los colaboradores.* Barcelona: Editorial Gestión 2000.